SCIENCE AT YOUR SIDE SERIES

科学在你身边系列

盛文林文化◎编著

U0676587

20世纪最伟大的
科学家

利用身边自然科学资源，培养学生科学创造能力。
以学生兴趣和内在需要为基础，
充分挖掘身边资源，
提高学生的综合素质能力。

延边大学出版社

图书在版编目（CIP）数据

20 世纪最伟大的科学家 / 盛文林文化编著. —延吉
：延边大学出版社，2012.6（2021.4 重印）
（科学在你身边系列）
ISBN 978-7-5634-4917-0

Ⅰ．① 2… Ⅱ．①盛… Ⅲ．①科学家－生平事迹－世
界－通俗读物 Ⅳ．① K816.1-49

中国版本图书馆 CIP 数据核字（2012）第 123335 号

20 世纪最伟大的科学家

编　　著：盛文林文化
责任编辑：李东哲
封面设计：映像视觉
出版发行：延边大学出版社
社　　址：吉林省延吉市公园路 977 号　邮编：133002
电　　话：0433-2732435 传真：0433-2732434
网　　址：http://www.ydcbs.com
印　　刷：三河市祥达印刷包装有限公司
开　　本：16K 155 毫米 × 220 毫米
印　　张：11 印张
字　　数：120 千字
版　　次：2012 年 6 月第 1 版
印　　次：2021 年 4 月第 3 次印刷
书　　号：ISBN 978-7-5634-4917-0
定　　价：36.00 元

前　言

　　20世纪是科学技术取得辉煌成就的时代，在这一时期，人类创造了历史上最为巨大的物质财富，也涌现了一大批伟大的科学家。这些科学家们通过这些辉煌成就深刻地改变着人类生产和生活的方式及质量，同时也深刻地改变着人类的思维观念和对世界的认识，持续改变着世界的面貌，极大地推动了社会的发展。

　　在20世纪里，物理、化学、生物、天文、地理等科学领域的发展都呈现了飞跃的态势，这种态势的背后，是无数科学家在辛苦的工作。

　　这种辛苦在发现新事物时存在，在发现新规律时存在，在运用新规律进行技术创造时存在……总之，每一个科学成果或者科技进步的产生，都是科学家们努力工作的结果。

　　本书分为多个栏目介绍了在物理、化学、生物、天文地理、数学等自然科学领域作出卓越贡献的伟大科学家的生平和贡献。"科学家档案"让你了解人物的基本信息，"人生足迹"让你了解人物的生平，"重要贡献"让你了解人物的成就，"科学家轶事"让你了解人物所不为人了解的那一面，"经典语录"让你了解人物的性格特征，介绍这些目的是帮助同学们更好地了解科学，更好地了解科学家的工作。希望能有同学在读完书之后，立志成为一位科学家！

物理学领域的伟大科学家

WU LI XUE LING YU DE WEI DA KE XUE JIA

　　20世纪是物理学的世纪，其他任何领域的发展都无法跟物理学的发展相提并论。在这一个世纪里，随着"紫外灾难"和"以太存在性"这两朵乌云的驱散，物理学得到了飞速发展，从而成就了一个群星璀璨的时代，一大批巨星级的科学家相继开辟了人类从未涉及的新世界，建立了一系列物理学的分支学科——原子物理、固体物理、核物理、粒子物理等学科。而在物理学史上也永远铭刻着这些人的名字……

普朗克

Max Karl Ernst Ludwig Planck

　　量子力学是20世纪物理学的两大革命之一，首先举起量子力学这场革命的大旗就是德国的物理学家普朗克，因此，普朗克又被人们称为"量子力学之父"。作为20世纪最重要的物理学家之一，他因为发现能量量子而对物理学的进展作出了重要贡献，并获得1918年诺贝尔物理学奖。

科学家档案

【中 文 名】马克思·卡尔·恩斯特·路德维希·普朗克

【外 文 名】Max Karl Ernst Ludwig Planck（德语）

【国　　籍】德国

【出 生 地】德国基尔市

【生卒日期】1858年4月23日—1947年10月3日

【主要成就】创立量子力学理论

【代表著作】《论热力学的第二定律》《论维恩光谱方程的完善》《论

正常光谱中的能量分布》《热辐射讲义》《关于正常光谱的能量分布定律的理论》

人生足迹

1858年，普朗克出生于德国基尔市一个受到良好教育的传统家庭，他的父亲威廉·约翰·尤利乌斯·普朗克是法学教授，他的叔叔戈特利布·普朗克是法学家和德国民法典的重要创立者之一。

普朗克在基尔度过了他童年最初的几年时光，直到1867年，普朗克的父亲应慕尼黑大学的聘请，举家迁往慕尼黑，普朗克在慕尼黑度过了他的少年时期。普朗克在慕尼黑的马克西米利安文理中学读书，16岁时就完成了中学的学业。

1874年，普朗克进入慕尼黑大学。虽然他具有很高的音乐天赋，熟悉钢琴、管风琴和大提琴，还上过演唱课，并曾在慕尼黑学生学者歌唱协会为多首歌曲和一部轻歌剧作曲，但是他并没有选择音乐作为他的大学专业，而是决定学习物理。他的物理学教授菲利普·冯·约利曾劝说普朗克不要学习物理，他认为"这门科学中的一切都已经被研究了，只有一些不重要的空白需要被填补"，这也是当时许多物理学家所坚持的观点，但是普朗克回答道："我并不期望发现新大陆，只希望理解已经存在的物理学基础，或许能将其加深。"普朗克的整个科学事业中仅有几次实验是在约利手下完成的，如研究氢气在加热后的铂中的扩散，但是普朗克很快就把研究转向了理论物理学。

1877年至1878年，普朗克转学到柏林大学，在著名物理学家亥姆霍兹和基尔霍夫以及数学家魏尔施特拉斯门下学习。普朗克晚年回忆这段经历时说，这三位教授的人品和治学态度对他有深刻影响，但他们的讲课却不能吸引他。在柏林期间，普朗克主要从鲁道夫·克劳修斯的著作《力学的热理论》中自学，并受到这位热力学奠基人的重要影响，把热学理论确立为自己的工作领域。

1878年10月，普朗克在慕尼黑完成了教师资格考试，1879年2月递交了

学生时代的普朗克

他的博士论文《关于热力学第二定律》，1880年6月以论文《各向同性物质在不同温度下的平衡态》获得大学任教资格。

获得大学任教资格后，普朗克在慕尼黑并没有得到专业界的重视，但他继续他在热理论领域的工作，提出了热动力学公式，却没有发觉这一公式在此前已由约西亚·威拉德·吉布斯提出过。此后，鲁道夫·克劳修斯所提出的"熵"的概念在普朗克的工作中一直处于中心位置。

1885年4月，基尔大学聘请普朗克担任理论物理学教授，普朗克继续他对熵及其应用的研究，主要解决物理化学方面的问题，为阿伦尼乌斯的电解质电离理论提供了热力学解释，但却是矛盾的。在基尔这段时间，普朗克已经开始了对原子假说的深入研究。

1888年基尔霍夫逝世后，柏林大学任命他为基尔霍夫的继任人和理论物理学研究所主任。1889年4月，亥姆霍兹通知普朗克前往柏林，接手基尔霍夫的工作，先任副教授，1892年后任教授。

1894年，普朗克被选为普鲁士科学院的院士。1907年维也纳曾邀请普朗克前去接替路德维希·玻尔兹曼的教职，但他没有接受，而是留在了柏林，受到了柏林大学学生会的火炬游行队伍的感谢。1897年，哥廷根大学哲学系授奖给普朗克的专著《能量守恒原理》。1900年，他在黑体辐射研究中引入能量量子。由于这一发现对物理学的发展作出的贡献，他获得1918年诺贝尔物理学奖。

自20世纪20年代以来，普朗克成了德国科学界的中心人物，与当时德国以及国外的知名物理学家都有着密切联系。1918年被选为英国皇家学会会员，1930—1937年他担任威廉皇家协会会长。在那时期，柏林、哥廷根、慕尼黑、莱比锡等大学成为世界科学的中心，是同普朗克、能斯脱、索末菲等人的努力分不开的。1947年10月3日，普朗克在哥廷根病逝，终年89岁。

重要贡献

普朗克在物理学上最主要的成就是提出著名的普朗克辐射公式，创立能量子概念。

19世纪末，经典物理学的上空有"两朵乌云"，一个是光速不变和以太论，后来被爱因斯坦所否定。还有一朵乌云，就是研究"黑体辐射过程"所产生的"紫外灾难"。黑体是没有任何反射或透射能力，吸收率为100%的物体。当时，许多物理学家都在研究辐射问题，按照经典理论，光和辐射热都是不同波长的波，它们载着能量，像管子里流出的火一样，以连续形式发出来。

英国物理学家瑞利推导出一个在波长比较长时与实验相符合的辐射公式，但是当波长比较短时，它就不能用了。由于这个公式是在紫外区出了问题，这个问题就被称做"紫外灾难"。"紫外灾难"表明经典理论已经不能解释某些物理现象了，所以它成为整个经典物理学的"灾难"。

普朗克从1896年开始对热辐射进行了系统的研究。经过几年艰苦努力，1900年10月下旬，他在《德国物理学会通报》上发表一篇只有三页纸的论文，题目是《论维恩光谱方程的完善》，第一次提出了黑体辐射公式。这个公式算出结果与实验数据只在短波部分相符合，在长波时相差太大。

后来，普朗克从瑞利的研究中得到启发，用数学"内插法"，寻找新的公式，使在长波时接近瑞利公式，在短波时接近自己原来推出的公式。这个新的公式，经德国实验物理学鲁本斯实验验证，理论与实验相符合。

怎么解释这个新的公式呢？为寻找这个公式的解释，他紧张地工作两个月，提出了一个大胆的假设：物体发射和吸收能量时，能量不是像水流似的连续变化的，而是以一定数值整数倍跳跃式变化的（像一滴一滴水似地向外流出或被吸收）。这个能量最小单元（也就是不可分的能量单元），普朗克称它为"能量子"，或叫"量子"。量子原来是拉丁语一个词，意思是"有多少？"

1900年12月14日，在德国物理学会的例会上，普朗克作了《论正常光谱中的能量分布》的报告。在这个报告中，他激动地阐述了自己最惊人的发现。他说，为了从理论上得出正确的辐射公式，必须假定物质辐射（或吸收）的能量不是连续地、而是一份一份地进行的，只能取某个最小数值的整数倍。这个最小数值就叫能量子，辐射频率是 ν 的能量的最小数值 $\varepsilon = h\nu$。其中h，普朗克当时把它叫做基本作用量子，现在叫做普朗克常数。普朗克常数是现代物理学中最重要的物理常数，它标志着物理学从"经典幼虫"变成"现代蝴蝶"。1906年普朗克在《热辐射讲义》一书中，系统地总结了他的工作，为开辟探索微观物质运动规律新途径提供了重要的基础。

普朗克不但导出了黑体辐射能量按波长分布的公式，而且提出了量子假说，开创了量子力学的新篇章，是物理学进入新的发展阶段的标志。

在科学的道路上，普朗克提出量子假说，为现代物理理论的建立奠定了基础，但是他于1901—1914年，曾两次修改原来的理论，想削足适履地使量子假设纳入经典物理的理论之内。这两次修改都因失去了支持，而被迫放弃了。他晚年终于明白了，想把基本作用量子纳入经典理论范畴里，是徒劳的。

科学家轶事

笼罩在普朗克家庭上空沉重肃穆的宗教气氛，给普朗克的童年一种被压抑了的快乐。他不能像许多小孩那样放肆地玩耍淘气，但他可以从书本、从音乐、从散步、从思考等活动中得到快乐。正是在思考中，他迈出了走向物理学的第一步。

在他7岁那年的一天，正在看书的小普朗克突然听到窗户外有小孩的叫声和笑声。他跑到窗前打开窗户一看，原来有几个小孩在打雪仗。看到小朋友们那无拘无束的高兴劲儿，普朗克心里别提有多羡慕了。他关上窗户跑到父亲房中，但看到父亲那一脸的严肃，到了嘴边的话又只好咽回去了。但重新坐下来看书的普朗克却怎么也看不进去了，他情不自禁地又来到窗前，但玻璃都被什么东西挡住了，外面的景物什么也看不到，他只得把视线收回来，落在眼前的窗户上。这时，他发现了一幅美丽的景象：窗玻璃上结满了冰花。它们有的像小草、有的像小树、有的像小狗……哇！真是漂亮极了。可是它们是谁画的呢？小普朗克陷入了沉思。这个问题有点超出他的想象，他想了老半天，还是没有想明白。

晚饭时，父亲发现小普朗克一直没有专心吃饭，就问他怎么回事。小普朗克鼓起勇气说了自己的疑问，一向严肃的父亲听完了儿子的问题之后，脸上露出了少有的笑容。他耐心地给儿子解释冰花是一种常见的物理现象，饭后还给儿子找了一本物理学的入门书，并且告诉儿子：有不懂的地方可以随时问他。父亲的开恩使普朗克受宠若惊，他把这种恩宠化作了学习的动力。从此，他开始对物理学发生兴趣。

经典语录

1. 地球上一切美丽的东西都来源于太阳，而一切美好的东西都来源于人。

2. 真正的科学家是不喜欢公众的热情掌声和捧场声的，一个伟大的科学家总是社会生活中的腼腆者。

3. 科学和宗教这两者并不是对立的，在每一个善于思索的人的心目中，它们是相互补充的。

4. 科学不能或者不愿影响到自己民族以外，是不配称为科学的。

5. 人类社会的整个发展取决于科学的发展。

卢瑟福

Ernest Rutherford

　　卢瑟福，英国物理学家，被称为"现代原子物理学的真正奠基者"，1908年度诺贝尔化学奖的获得者。他开拓了原子的轨道理论，特别是在他的金箔实验中进行了"α粒子散射实验"，无可辩驳地论证了原子的核模型，从而一举把原子结构的研究引上了正确的轨道，于是他被誉为原子物理学之父。为了纪念他，第104号元素被命名为"𬬻"（Rf）。

科学家档案

【中 文 名】欧内斯特·卢瑟福

【外 文 名】Ernest Rutherford

【国　　籍】英国

【出 生 地】新西兰纳尔逊

【生卒日期】1871年8月30日～1937年10月19日

【毕业院校】新西兰坎特伯雷大学

【主要成就】创立原子核物理学、发现质子、实现人工核反应

【代表著作】《通过高频放电使电磁化以及关于短钢针效应的研究》《放射学》《使用高频放电法使铁磁化》《当代炼金术》

人生足迹

1871年8月30日，卢瑟福生于新西兰纳尔逊的一个手工业工人家庭，并在新西兰长大。卢瑟福的童年生活是相当愉快的，但也是十分艰苦的。他有5个兄弟和5个姐妹，当他们年龄稍大时，就要帮助父亲干活。尽管如此，农村那广阔的田野，清新的空气，充满童趣的田园生活给孩子们带来了无尽的乐趣，使卢瑟福从小养成了克服困难和富于幻想的性格。

卢瑟福5岁时，就在福克斯希尔村的一所小学里开始了他的学校生活。卢瑟福因成绩优良常常受到老师们的称赞，他们都认为卢瑟福是个很有发展前途的学生。10岁时，卢瑟福得到一本科学教科书《物理学入门》，这本书的作者是当时曼彻斯特大学的物理学教授鲍尔弗·斯图亚特。这本书对卢瑟福的一生起了重要的作用。

1889年，卢瑟福考入新西兰的坎特伯雷大学学习。1894年，他获得了文学学士、文学硕士、理学学士三个学位并顺利毕业。1895年卢瑟福有幸获得新西兰唯一的一个"大博览会奖学金"名额，赴英国剑桥大学师从汤姆生读研究生，先在无线电通信方面崭露头角，后又沿着气体导电、放射性、原子物理、核物理的顺序做出一系列划时代的重大发现。

1898年，在汤姆生的推荐下，卢瑟福担任加拿大麦吉尔大学的物理教授。在那里，他证明了放射性是原子的自然衰变。他注意到在一个放射性物质样本里，一半的样本衰变的时间几乎是不变的，这就是该物质的"半衰期"，并且他还就此现象建立了一个实用的方法，以物质半衰期作为时钟来检测地球的年龄，结果证明地球要比大多数科学家所认为的要老的多。这使他获得了1908年的诺贝尔化学奖。

1907年，卢瑟福到英国出任曼彻斯特大学的物理系主任。在那里，他同他的学生进行了α粒子散射实验，对于奇异的实验结果，他笑称为"海军用15吨巨炮射击一张纸，但炮弹却被弹回打到了自己"。1911年3月，卢瑟福在曼彻斯特文学与哲学学会的会议上宣布他的意外发现，同年5月，他将论文发表于《哲学杂志》，并提出原子有核模型。

1919年，卢瑟福受到汤姆生的推荐，回到剑桥大学出任卡文迪许实验室的主任，在那里他指导培育出大批的诺贝尔奖得主，有丹麦的玻尔、德国的哈恩、新西兰的马斯顿、苏联的卡皮查、澳大利亚的奥立芬特，以及英国的乍得威克和考克饶夫等十一位诺贝尔奖得主。

1925年，卢瑟福当选为英国皇家学会主席，1930年被英国女王封为勋爵。1937年10月19日，他在剑桥逝世，与牛顿和法拉第并排安葬，享年66岁。

重要贡献

作为20世纪最伟大的实验物理学家之一，卢瑟福在放射性和原子结构等方面，都作出了重大的贡献，也因此被称为近代原子核物理学之父。

1. 创立"放射性元素的衰变理论"

卢瑟福遵照其导师汤姆生的建议，进入放射性元素的研究领域。在实验中他首先发现了铀的两种射线，并将其分别命名为α射线和β射线；不久，他又发现这两种射线都是带电的粒子构成的，α粒子带正电荷，其质量与原子的质量属于同一数量级。他还发现钍在放射性过程中产生的一种气体，并把这种气体命名为"钍射气"。后来经实验证实"钍射气"就是氡气。他和他的助手还证实了激光气是一种放射性气体，其分子量比氢气的分子量大几十倍。后来经实验证实了这种气体是放射性氡。

1903年，卢瑟福发表了题为《放射性变化》的学术论文，提出了"放射性元素衰变理论"。这个理论明确指出，放射性元素的原子在放射性过程中按一定规律不断分裂，转变为其他元素的原子，放射性过程是元素的衰变过程，即一种元素转化为他种元素的过程。

在这之后，卢瑟福及其学生又作了一系列实验，对"元素衰变理论"进行验证。1904年，他和他的学生在实验中发现，铀在放射性过程中发生一系列衰变，最后生成没有放射性的铅。1908年，卢瑟福和他的学生盖革在实验室里观察到了镭放射出

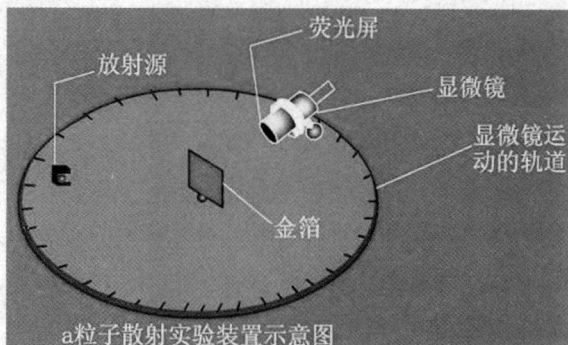

卢瑟福的α粒子散射实验装置

的单个α粒子，这是人类首次观察到单个原子。

卢瑟福还通过实验证实了α粒子就是失去负电荷的氦原子。这些科学成就当时曾轰动世界，被人们称为"现代炼金术"。卢瑟福本人则凭借提出"元素半衰期"理论而获得1908年度诺贝尔化学奖，他对自己不是获得物理学奖而感到有些意外，风趣地说："我竟摇身一变，成为一位化学家了。这是我一生中绝妙的一次玩笑！"

2. 建立原子的核模型

"元素衰变理论"的创立，只是卢瑟福一生科学事业的开端。他的最主要的贡献是发现并证实了原子核的存在，建立了原子的有核模型。

1897年，汤姆生发现了电子，并于稍后提出了"葡萄干布丁模型"，认为电子是原子的基本单位，正电均匀分布在原子内，电子则由于与其他电子相排斥与正电体相吸引而处于原子内的平衡位置。但这一模型缺乏实验根据。

为了探索原子的秘密，卢瑟福和他的学生用高能α粒子束穿透金箔。实验表明，α粒子束在通过金箔时，绝大多数都保持原来的运动方向，没有受到阻挡，"如入无人之境"。这表明原子内部存在着相当大的空旷空间。但是，实验还表明，约有1/8000的α粒子通过金箔时改变了原来的运动方向，发生明显的偏转，个别的α粒子甚至被反弹回来。

卢瑟福认为，原子中一定存在着体积极小但集中了全部正电荷的"核"，α粒子束通过金箔时，有极少数碰上了这个"核"，受到正电斥力

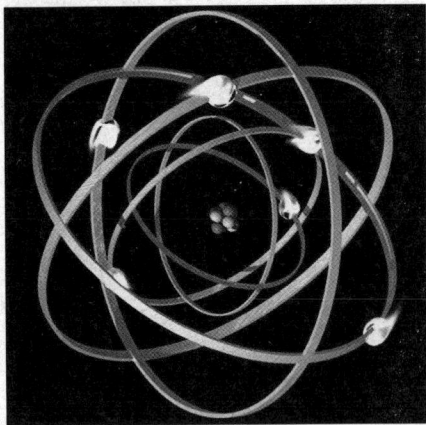

卢瑟福有核原子模型

的作用发生了散射；而绝大多数则没有碰上这个"核"，顺利地按原来的运动方向通过了金箔。通过反复的实验观测和对实验数据的理论计算，他提出了一个类似于太阳系行星系统的原子模型：在原子的中心，有一个带正电荷核，其半径约为 3×10^{-13} 厘米，它差不多集中了原子的全部质量；原子中的电子则围绕这个核以极高的速度旋转，轨道半径为 10^{-8} 厘米左右。卢瑟福把这个带正电荷的核命名为"原子核"。这就是卢瑟福根据 α 粒子散射实验于1911年提出的原子有核模型——任何原子都是由带正电的原子核和绕原子核旋转的带负电的电子构成。

自从发现了原子核以后，人类对物质世界的认识便进入了一个新的层次——原子核层次。

3. 第一次实现人工核反应

继发现原子核之后，卢瑟福于1919年在科学史上第一次实现了元素的人工衰变，即用人工方法实现了核反应。他在实验室里用 α 粒子作"炮弹"轰击氮，从氮原子核中击出了氢原子，生成了氧的同位素。

此后，卢瑟福和他的学生用 α 粒子轰击了元素周期表上从硼到钾的所有元素，成功地使这些元素发生相应的核反应（碳和氧除外），释放出一个氢原子核，同时转化为元素周期表上的下一位元素。

这是人类利用原子能的先导，它宣告了新的时代——原子能时代即将来临。卢瑟福是这个新的原子能时代的第一位奠基人。这一伟大科学成就的意义还在于，它为物理学开辟了一个全新的研究领域——原子核物理学领域。科学界公认卢瑟福是"原子核物理学之父"。

4. 发现质子，预言中子的存在

作为原子核物理领域的开创者和带头人，卢瑟福和他的助手及学生一起继续进行艰辛的探索，并取得了新的成就。他成功地证明了氢的原子核是其他所有元素的原子核的组成部分。建议把氢的原子核命名为"质子"。这一建议被科学界采纳，并一直沿用到今天。

1920年，卢瑟福预言组成原子核的另一个重要成员中子的存在，并相当详细地描述了中子的特性。"中子"这个概念也是卢瑟福确定的。在卢瑟福的指导下，他的学生查德威克于1932年用α粒子轰击了金属铍，释放出一种质量与质子相同但不带电荷的粒子，这就是中子。这一发现使卢瑟福12年前的预言在大部分细节上得到证实。查德威克因这一发现获得了诺贝尔物理学奖。至此，人们终于弄清楚了，原子核是由质子和中子组成的。质子和中子的发现对于建立原子核结构理论具有关键性的意义。

5. 伟大的导师

当人们评论卢瑟福的成就时，总是不能不提到他培养的众多科学精英。他在卡文迪许实验室任主任一职时，悉心培养了多位学生和助手成为著名科学家，其中有多人获得了诺贝尔奖。

1921年，卢瑟福的助手索迪获诺贝尔化学奖；1922年，卢瑟福的学生阿斯顿获诺贝尔化学奖；1922年，卢瑟福的学生玻尔获诺贝尔物理奖；1927年，卢瑟福的助手威尔逊获诺贝尔物理奖；1935年，卢瑟福的学生查德威克获诺贝尔物理奖；1948年，卢瑟福的助手布莱克特获诺贝尔物理奖；1951年，卢瑟福的学生科克拉夫特和瓦耳顿，共同获得诺贝尔物理奖；1978年，卢瑟福的学生卡皮查获诺贝尔物理奖，等等。

有人说，如果世界上设立培养人才的诺贝尔奖的话，那么卢瑟福是第一号候选人。

科学家轶事

卢瑟福有一个外号叫做"鳄鱼"，这是他的学生卡皮查送给他的。卡皮查说：卢瑟福在科学事业上，像鳄鱼在汹涌海洋中那样从不回头，张开吞食一切的大口，勇往直前，坚持进取；卢瑟福也像鳄鱼关心自己后代一样，关心自己的学生。卢瑟福所领导的卡文迪许实验室，被誉为"科学天才的幼儿园"，他自己也被誉为"从来没有树立过一个敌人，也从来没有失去一位朋友"的人。在他精心培育和扶植下，一大批才华出众的年轻人迅速成长为科学家，其中有11人先后获诺贝尔奖，在科学史上，实为罕见。甚至英国皇家学会也很赞赏这个外号，甚至在他的实验室大门左端刻上了鳄鱼的图案。

经典语录

1. 科学家不是依赖于个人的思想，而是综合了几千人的智慧，所有的人想一个问题，并且每人做它的部分工作，添加到正建立起来的伟大知识大厦之中。

2. 掌握的物理学越多，需要的工程学越少。

3. 人们的知识在不断地充实着，而人们的智慧却徘徊不前。

4. 假如没钱的话，我们就必须使用头脑。

5. 我认为再没有比那些只顾自己鼻子尖底下一点事情的人更可悲的了。

爱因斯坦

Albert Einstein

　　爱因斯坦是20世纪最伟大的物理学家、现代物理学的开创者和奠基人、思想家及哲学家，1921年诺贝尔物理奖获得者。光量子论、相对论是他最重要的贡献。其中，相对论和量子力学并列为20世纪物理学的两大革命。爱因斯坦热爱物理学，把毕生献给了物理学的理论研究。人们称他为20世纪的哥白尼、20世纪的牛顿。他以严谨的治学精神，超常的智慧，豁达的胸怀及高尚的人格而在科学史和整个人类历史上占据了常人所不可企及的地位，并得到了世人的敬仰和爱戴。为了纪念他，人们把99号元素命名为"锿"（Es）。

科学家档案

【中文名】阿尔伯特·爱因斯坦

【外文名】Albert Einstein

【国　籍】瑞士，美国

【出生地】德国乌尔姆市

【生卒日期】 1879年3月14日～1955年4月18日

【毕业院校】 苏黎世联邦理工学院

【主要成就】 提出相对论及质能方程、解释光电效应、推动量子力学的发展

【代表著作】《论动体的电动力学》《广义相对论的基础》《狭义与广义相对论浅说》《广义相对论纲要和引力理论》《引力的场方程》《根据广义相对论对宇宙所做的考察》

人生足迹

1879年3月14日上午11时30分，爱因斯坦出生在德国乌尔姆市班霍夫街135号的一个犹太人家庭。父亲赫尔曼·爱因斯坦经营电器作坊，母亲波林·科克是个颇有造诣的钢琴家。

童年的爱因斯坦随父亲的生意兴衰而频繁迁徙于慕尼黑、米兰、苏黎世之间，过着动荡的生活。但是对小爱因斯坦来说，这段动荡的生活开阔了他的眼界。

1885年，6岁的爱因斯坦开始学习拉小提琴，在他妈妈的精心指导下，他在小提琴演奏方面小有造诣，14岁时就已经能登台演出了。尽管后来他没有成为职业演奏家，但那把心爱的小提琴，整整陪伴了他一生。并且，音乐的熏陶养成了他追求和谐完美的思维习惯。

除了父母之外，童年时期对爱因斯坦影响较大的是他的叔叔雅格布。雅格布是一位很有事业心而且精力充

老年时的爱因斯坦

沛的电器工程师，爱好数学。当爱因斯坦全家移居慕尼黑时，他的父亲在那里创办了一间电器工厂，雅格布叔叔在工厂里管技术，因此经常和小爱因斯坦在一起，并成为他入学前的数学辅导员。雅格布经常以通俗易懂、深入浅出的语言为他讲解繁难的数学道理。这使爱因斯坦从小产生了对数学的强烈爱好和追求科学真理的旺盛热情。

1886年，爱因斯坦正式进入慕尼黑公立学校读书。1888年10月，爱因斯坦进入路易波尔德中学学习。

爱因斯坦12岁时，来自俄国的大学生塔尔梅成为他家的常客。塔尔梅每星期四到爱因斯坦家来吃晚饭，这是慕尼黑犹太人帮助外国来的穷苦犹太学生的慈善行动。塔尔梅是学医的，但对各种自然科学知识以及哲学均抱有兴趣。塔尔梅对爱因斯坦的超常求知欲及能力很吃惊，于是，送给他一本《几何原本》，是欧几里得在两千多年前写的，和现在中学里的几何学教科书内容很相近，并热心地指导爱因斯坦阅读这本书，引起爱因斯坦对数学的浓厚兴趣。塔尔梅是影响爱因斯坦成长另一个重要人物，除了数学，他还引导爱因斯坦阅读了康德的作品、自学完了微积分。

15岁那一年，学校以历史、地理和语言不及格，态度无礼、破坏秩序和纪律为由开除了爱因斯坦。由于没有拿到毕业证书，爱因斯坦进不了大学。17岁的时候，在一位亲戚的资助下，爱因斯坦考进了苏黎世联邦理工学院师范系学习物理。在这所学校里，他把自己全部的时间和精力都用于物理实验，研究理论物理学和哲学问题。他走自己的路，进行自己的思考，从不盲从，这为他日后从事理论物理研究打下了坚实的基础。

1900年8月爱因斯坦毕业于苏黎世联邦理工学院，12月完成论文《由毛细管现象得到的推论》，次年发表在莱比锡《物理学杂志》上，随后又完成了电势差的热力学理论的论文。毕业两年后，爱因斯坦才在瑞士伯尔尼专利局找到技术员的工作。1904年9月，爱因斯坦由专利局的试用人员转为正式三级技术员，此后，他发表了诸多论文。

1905年3月，他发表了《关于光的产生和转变的一个启发性观点》，提出光量子学说和光电效应的基本定律，并在历史上第一次揭示了微观物体的波粒二象性。4月向苏黎世大学提出论文《分子大小的新测定法》，取得博士学位。5月完成论文《论动体的电动力学》，独立而完整地提出狭义相对性原理，开创物理学的新纪元。

1906年4月，他晋升为专利局的二级技术员。11月完成固体比热的论文，这是关于固体的量子论的第一篇论文。1908年，爱因斯坦得到了伯尔尼大学编外讲师的职位，并在第二年当上了副教授。

1909年10月，爱因斯坦离开伯尔尼专利局，任苏黎世大学理论物理学副教授。于次年10月，完成关于临界乳光的论文。两年后提出"光化当量"定律。

1913年他返回德国，任柏林威廉皇家物理研究所所长和柏林洪堡大学教授，并当选为普鲁士科学院院士。次年4月，爱因斯坦接受德国科学界的邀请，迁居到柏林。8月，第一次世界大战爆发了。爱因斯坦虽身居战争的发源地，生活在战争鼓吹者的包围之中，却坚决地表明了自己的反战态度。

1915年11月，爱因斯坦提出了广义相对论引力方程的完整形式，并且成功地解释了水星近日点运动。1916年3月，完成总结性论文《广义相对论的基础》。5月提出宇宙空间有限无界的假说。8月完成《关于辐射的量子理论》，总结量子论的发展，提出受激辐射理论。

1937年，在两个助手合作下，爱因斯坦从广义相对论的引力场方程推导出运动方程，进一步揭示了空间——时间、物质、运动之间的统一性，这是广义相对论的重大发展，也是爱因斯坦在科学创造活动中所取得的最后一个重大成果。在统一场理论方面，他始终没有成功，他从不气馁，每次都满怀信心的从头开始。由于他远离了当时物理学研究的主流，独自去进攻当时没有条件解决的难题，因此，同20年代的处境相反，他晚年在物理学界非常孤立。可是他依然无所畏惧，毫不动摇地走他自己所认定的道路，直到临终前一天，他还在病床上准备继续他的统一场理论的数学计算。

1955年4月18日凌晨1时25分，阿尔伯特·爱因斯坦的心脏停止了跳动。他热爱科学，也热爱人类。他没有因为埋头于科学研究而把自己置于社会之外，一直关心着人类的文明和进步，并为之顽强、勇敢地战斗。他说过："人只有献身于社会，才能找出那实际上是短暂而又有风险的生命的意义"，他自己正是这样去做的。

重要贡献

爱因斯坦一生中为人类留下的科学财富、思想财富和品德财富都是丰硕的。科学上，有人曾统计过，若按他一生的科学贡献，至少该得6项诺贝尔奖。但是，因为他的思路和成果太超前，使得世人难以及时认定他科学思想的真正价值。因此，他生前只因为对光电效应的研究——这个在他所有科学成就中并非首要的一项曾使他获得过诺贝尔奖。

1. 发展量子论并成功解释"光电效应"

1886年，德国物理学家赫兹发现了"光电效应"现象。所谓光电效应，就是物质（主要是金属）在光的照射下，从表面释放出电子的现象。所释放的电子叫做光电子。例如，在验电器上安装一块擦得很亮的锌板，并使它带负电。验电器的指针便张开一个角度；然后用紫外光照射锌板，验电器的指针立即合拢，表示锌板所带的负电荷已经失去。假如原先使锌板带正电，重做上面实验，则不发生指针合拢现象。

光电效应用光的波动说无法理解。按照光的波动理论，光波的能量是连续的，只跟光波的振幅即强度有关，而与光的频率无关。就是说，无论什么频率的光，只要强度足够大，都应能释放出光电子，而且光的强度越大，释放出的光电子的能量也越大。而事实却与此相反，大量实验证明，在光的照射下从金属板上跑出来的负电荷就是电子。进一步的实验指出，光电效应的发生，只跟入射光的频率有关。对一定的金属来说，存在一个特定的频率，只有用比这个频率高的光来照射，才能引起光电子的发射；而如果用频率较低的光来照射，则无论光多强，照射的时间多长，都不能使金属放出电子。同时，从金属板释放出的光电子，其速度或能量随着入射光频率的增高而增大，与入射光的强度无关，入射光的强度只影响释放出光电子的数目的多少。另外，只要入射光的频率足够高，不管它强度多弱，都有光电现象产生。

许多物理学家对此作过进一步的深入研究，企图运用光的波动学说给出合理的解释，却是徒劳无功。

1905年，爱因斯坦发表了《有关光的产生和转化的一个试探性观点》，文中提出光量子论和光电效应的基本定律，指出光同原子一样也有粒子性，光不仅在吸收和发射时是不连续的，而且光在空间的传播也是不连续的，光就是以光速运动着的粒子流。光量子论是对普朗克量子论的发展和补充。

按照他的光量子论，光是由光量子（后来简称光子）这种粒子组成的，光的能量是不连续的，同普朗克的能量子一样，每个光量子的能量也是 $\varepsilon = h\upsilon$。他运用光量子论成功地解释了光电效应，并给出了光电效应方程，从而圆满地解释了光电效应，为此他获得了1921年诺贝尔物理学奖。

2. 狭义相对论

爱因斯坦从16岁起就在思考一个问题："如果我以速度c（真空中的光速）追随光线运动，我应当看到这样一条光线就好像一个在空中振荡着而停滞不前的电磁场。可是无论是依据经验，还是按照麦克斯韦方程，看来都不会有这样的事情"。爱因斯坦百思不得其解。随着年龄的增长，他对电磁学的学习和研究越来越深入，也越来越感到当时电磁学的内容存在许多问题，无法解决这一矛盾。后来，他读到洛仑兹1895年关于电动力学的论文，对洛仑兹提出的方程发生了兴趣。他很欣赏洛仑兹方程不但适用于真空中的参照系，而且适用于运动物体的参照系。当时他试图用洛仑兹的理论解决追光问题，但是却发现要保持洛仑兹方程对以光速运动的参照系同样有效，必然导致光速不变的结论，而光速不变的结论明显地与力学的速度合成法则相抵触。

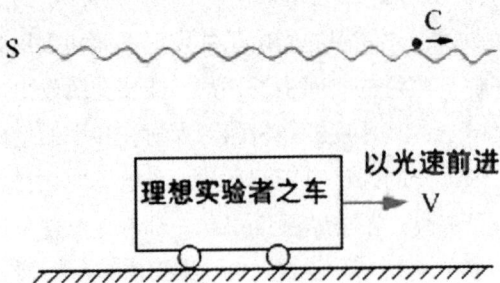

为什么这两个基本原理会互相抵触呢？这里面必有原因，爱因斯坦日夜苦思。经过十年的思考，终于在1905年的一天，他突然找到了解决问题的关键。他回忆道："是我在伯尔尼的朋友贝索偶然间帮我摆脱了困境。那是一个晴朗的日子，我带着这

S ～～～～～～～～ C →

理想实验者之车 → 以光速前进 V

爱因斯坦的理想实验

个问题访问了他，我们讨论了这个问题的每一个细节。忽然我领悟到这个问题的症结所在。这个问题的答案来自对时间概念的分析，不可能绝对地确定时间，在时间和信号速度之间有着不可分割的联系。利用这一新概念，我第一次彻底地解决了这个难题。"爱因斯坦就在这次讨论中，脑海中突然闪现了一道灵感。他想，有什么根据一定要把时间和空间分隔开来，如果时间跟着空间变化，不就没有矛盾了吗？

这以后的五个星期，爱因斯坦就势如破竹地拟就了整个狭义相对论的框架，并以《论动体的电动力学》发表于世。此时是1905年，他不过是26岁默默无闻的一位专利局三级技术员。这个较稳定职业的微薄收入，一方面为爱因斯坦支撑了生活消费，另一方面也为爱因斯坦提供了学习、研究的平和心绪、由于在大学里打下的实验技术方面的扎实基础，使得爱因斯坦对专利局技术检验工作游刃有余。他每天只用3～4个小时即可完成规定8小时做完的工作。对此，专利局局长曾评价说，爱因斯坦是专利局有史以来最能胜任、最受尊敬的专家。对于剩余时间，爱因斯坦便都用做自己的研究了。但当时专利局规定，工作时间不许做与工作无关的事情。于是，爱因斯坦便只好用极小的纸片偷偷做数学演算，听到来人的脚步声，便随手把纸片扔到纸篓里。

同年，爱因斯坦还发表了题为《关于光的产生和转化的一个启发性观点》的论文。第一次揭示了光的波粒二象性、这个思想成为后米德布罗意物质波理论及广义相对论中的一个重要观点——引力场使光线弯曲的一个思想来源。这也就是前面所提到的他一生中唯一一项获得诺贝尔奖的成就。

3. 广义相对论

狭义相对论建立之后，爱因斯坦并不就此止步，他继续研究狭义相对论没有解决的问题。例如：为什么惯性坐标系在物理学中比其他坐标系更优越？为什么惯性质量会随能量变化？为什么一切物体在引力场中下落都具有同样的加速度？爱因斯坦坚信这些问题可以得到解决，因为自然界应该是和谐、统一的，他认识到狭义相对论并不是万能的，必须进一步发展。

从1907年起，爱因斯坦就在思考如何突破狭义相对论的框架，以解决惯性与重量之间的不协调。跟狭义相对论的创建经过一样，他又是经过长时间的苦思，终于有一天找到了突破口，当时他正坐在伯尔尼专利局的办公室里，脑子里突然闪现了一个念头：如果一个人正在自由下落，这个人决不会感到他有重量。他想：下落的人正在作加速运动，可是在这个加速参照系中，这个人会有什么感觉？下落的人怎样判断面前发生的事情？

可见，引力场对物体的引力作用和物体的加速运动是等效的。

在这个基础上，1916年，他从惯性质量与引

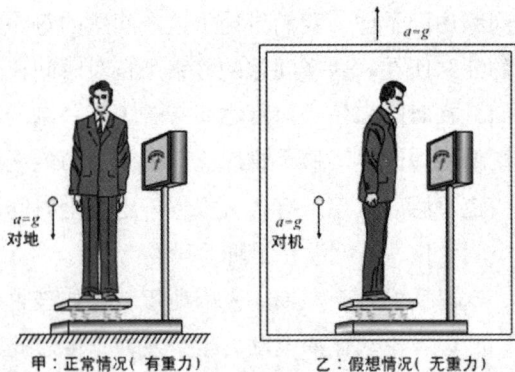

甲：正常情况（有重力）　　乙：假想情况（无重力）

爱因斯坦的理想升降机

力质量等价的假设出发把狭义相对论推广到非惯性系，提出引力场跟加速度场局域性等效的概念。并用弯曲时空的黎曼几何描述引力场，提出引力场方程，从而对牛顿的引力理论作了革命性的改造。发表了总结性论文：《广义相对论的基础》，这是他一生科学成就的顶点。

爱因斯坦的相对论，是人类科学史、思想史的重大转折，它突破并涵纳了经典物理学的思想体系，改变了牛顿创建经典力学体系之后统治人类思想几百年之久的机械时空观，使科学朝着它研究对象的本来面目迈出了关键性的一步。

科学家轶事

在爱因斯坦的书信中，有他与20世纪著名科学家诸如洛伦兹、薛定谔、居里夫人、普朗克以及其他领域的杰出人物弗洛伊德、罗素、萧伯纳、罗斯福等人的通信。但更多的是他与亲朋好友的通信。幽默的语言，现在读来都令人忍俊不禁。他把亲爱的朋友称为"你这个讨厌的家伙""但愿今晚我能用魔法把你招来"。有一次，他称一女士为老太太，那女士来了一封措辞严厉的信，说用不着巴结他。爱因斯坦在旁边注了评语，说"哦，哦，好像我是什么大人物！"

朋友建议他雨天游泳、晴天跑步，他不以为然地说："我已经下定决心，若大限一到，就是倒毙，也尽量少用医疗手段。在此之前，将按我罪恶之心的愿望任意行动。我日常的生活是：吸烟像烟囱，工作像骡马。饮食无所顾忌不加选择，至于散步，只有真正有了愉快的同伴才愿意进行。"

经典语录

1. 凡在小事上对真理持轻率态度的人，在大事上也是不足信的。

2. 苦和甜来自自己和外界，而坚强则来自于内心，来自于一个人坚持不懈的努力！

3. 智慧不是学而可取，而是毕生追求所得。

4. 真正有价值的东西不是出自雄心壮志或单纯的责任感；而是出自对人和对客观事物的热爱和专心。

5. A=X+Y+Z！A就是成功，X就是努力工作，Y是正确方法，Z是少说废话！

6. 不管时代的潮流和社会的风尚怎样，人总可以凭着自己高贵的品质，超脱时代和社会，走自己正确的道路。

青年时期的爱因斯坦

7. 一个人只有以他全部的力量和精神致力于某一事业时，才能成为一个真正的大师。因此，只有全力以赴才能精通。

赫斯

Hess Francis Victor

　　赫斯，奥地利裔美国物理学家。1912年，他通过实验发现了宇宙射线，不仅解决了困惑物理学界一百多年的难题，而且开辟了基本粒子研究的新领域，因此有极其深刻的历史意义。由于这一重大发现，他获得1936年度诺贝尔物理奖。

科学家档案

　　【中文名】维克托·弗朗西斯·赫斯

　　【外文名】Hess　Francis　Victor

　　【国　　籍】美国

　　【出生地】奥地利

　　【生卒日期】1882年12月11日～1970年1月5日

　　【主要成就】发现了宇宙射线的存在

　　【代表著作】《在七个自由气球飞行中的贯穿辐射》《宇宙辐射的发现》《大气的导电性及其原因》《大气的电离作用》

人生足迹

  1883年6月24日，赫斯出生于奥地利东南部的格拉茨附近的史劳斯瓦尔德斯坦。父母姊妹都是很有音乐素养的人。赫斯生长在这样的家庭里，从小就受到良好的熏陶，再加上他自己也具有音乐才华，很早就能演奏乐曲，很多人都认为他会成为大音乐家。父母根据他的才能，以及人们的评论，送他到维也纳去学音乐。当时在维也纳有很多著名的音乐大师，父母殷切期望儿子成为音乐家。

  后来有眼力的老师发现，赫斯如果向数理方面发展，比搞音乐会更有前途。但是他的父母没有听取这些劝告，让儿子学音乐。赫斯并没有辜负父母的期望，音乐学得很不错。不过他也爱参加数学、物理方面的学习和活动。一次偶然机会，他参加了奥地利皇家科学青年选拔赛，由于成绩优异，他被选中了。于是，赫斯改变了自己的方向——学习数理知识。

  赫斯先后在格拉茨大学和维也纳大学读书，1906年由格拉茨大学授予哲学博士学位，并留在该校继续深造至1908年。此后，他到维也纳大学新创立的镭研究所成为迈耶教授的助手，在这里他工作了十年。

  当赫斯加入维也纳镭研究实验室时，工作人员在实验中发现，空气中存在有来历不明的离子源，无论采取什么样的措施，验电器中的空气都被这种离子电离了。有人猜测，这是因为受放射性物质污染的缘故，也有人认为这些离子可能是由外层空间辐射来的。赫斯于是决心探测这些离子的来源。

  赫斯收集了大量的材料，并对背景辐射源做了详细的研究。他从探测结果得到的结论是这些离子不是由太阳照射所产生的而是来自太空，不受地球和太阳的影响，也就是"宇宙射线"。

  除了发现宇宙射线，赫斯还对大气电学方面很有研究。特别是对大气离子含量以及离子产生与破坏过程的研究，增加了对大气电学的知识。围绕这些研究，赫斯发表了许多论文和专著。

  1921年至1923年的休假期间，赫斯受聘为美国镭有限公司研究实验室主任和首都华盛顿矿务局的物理学顾问。1931年兼任因斯布鲁克大学镭研究所所长，1934年年底，他在奥地利科学院和柏林科学院，特别是纽约洛克菲勒研究所的帮助下，终于在因斯布鲁克附近的高山上建立一个研究站，作为经常观测大约海拔7090米以上的宇宙射线之用。

1937年5月至1938年4月，赫斯兼任格拉茨大学物理研究所所长。纳粹占领奥地利后，赫斯被解除教职，于1938年成为美国纽约福德姆大学物理学教授，到1956年以荣誉教授的资格退休。1944年他加入美国籍，1964年逝世，享年81岁。

重要贡献

赫斯在科学史上最重要的贡献就是发现了宇宙射线的存在，并且，他为科学事业而奉献一切的精神，为后世树立了光辉的典范。

所谓宇宙射线，就是从地球外的宇宙空间射来的射线，至于其发源地和产生的原因等问题，目前还不清楚。根据人们长期研究的结果，现在知道宇宙射线就是能量很高的各种原子核。其中绝大部分为氢原子核（即质子），约占90%；其次是氦原子核，约占9%；另外是其他各种原子核，总共约占1%。凡是地球上存在着的诸元素的原子核，在宇宙射线中，都可以观察到。

赫斯开始探索宇宙射线之谜时，积极吸取前人研究的经验教训。一方面改进探测仪器，用密闭的电离室代替静电计；另一方面准备乘气球进入高空测量大气的漏电率。当时，由于缺乏遥测技术，必须由实验者携带探测仪器，乘气球一同升入高空，所以有一定危险性。

1911年，在奥地利航空俱乐部的支持下，赫斯设计了一套装置，将密闭的电离室吊在气球下，电离室的壁厚足以抗一个大气压的压差。他一共制作了10只侦察气球，每只都装载有2～3台能同时工作的电离室。

实验设备准备好以后，赫斯带着改进的仪器，进行首次高空探测。当气球升到1070米时，赫斯测得大气的漏电率，与地面上基本相同。因而他初步断定，在高空中已经排除了地面放射性的影响，那么引起空气漏电的原因必然在地面以外，这更加坚定了他进行高空探测的信心。

1912年，赫斯又进行了七次高空探测。尤其是最后一次，为了让气球升得更高，他给气球充以氢气，上升到5350米的高空，收集电离数据。他的惊人试验表明，从地球到高度约为150米处，电离逐渐减少。但是，此后由于高度的增加，电离显著地增加。因为在同一水平上，无论在白天或黑夜，辐射都一样，当然这不是太阳直接照射的结果。这样一来，赫斯便第一次成功地确定了宇宙辐射的存在。

这一发现意义非同寻常，因为它说明地球之外确实存在着辐射源，这种辐射源放射出贯穿本领很强的射线，它能到达大气层的下面使密闭的验电器导电，这就是地面上空气漏电的真正原因。1912年赫斯在《物理学杂志》发表例如题为《在七次自由气球飞行中的贯穿辐射》的论文。

赫斯（中）乘热气球进行实验

赫斯的发现引起了人们的极大兴趣，从那时开始，科学界对宇宙射线的各种效应和起源问题进行了广泛的研究。最初，这种辐射被称为"赫斯辐射"，后来被密立根正式命名为"宇宙射线"。当时，许多物理学家怀疑赫斯的测量，并认为这种大气电离作用不是来自太空，而是起因于地球物理现象，例如组成地壳的某种物质发出的放射性。

后来，赫斯又在高楼、高山和海洋上，进行测量，更进一步证明了宇宙射线的存在。现在科学界认为，宇宙线是来自宇宙空间的高能粒子流的总称。

赫斯发现宇宙射线，其重要性不仅为天文物理学过程和宇宙历史提供了有益的资料，而且作为特殊集中的能量形式来说也是重要的。在宇宙线的研究中，安德森发现了正电子，鲍威尔发现了π介子。从宇宙射线研究的结果，导致了制造实验室用的高能粒子加速器，用加速器作为射线源比起宇宙射线更方便和更容易控制。由于这一研究的功绩，他与发现正电子的安德森分享了1936年度诺贝尔物理学奖。

科学家轶事

赫斯研究宇宙射线需要经常坐热气球升空来收集数据，当时的科学水平还不高，技术条件较差，但他不顾个人的安危，常常是独自一个人乘坐气球，升入高空进行探测。

一次气球出了故障，他从高空摔了下来，完全不省人事达20小时。很多人以为他活不过来了，家里人也为他准备后事。但是，奇迹出现了，经医院奋力抢救，第二天他醒过来了，他没有死。

亲友劝他不要再去冒险了，别人以为他再不敢去冒险了。他却满不在乎地庆幸自己"还活着"，并且为了科学研究，到死亡边缘也不后退。

经典语录

1. 做学问要具备不怕死的精神，而后才能达到理想的境界。

2. 从事科学事业的人至少要有三个条件：要有学识渊博的导师、完备的实验条件和丰富的资料。

玻尔

Niels Henrik David Bohr

　　玻尔，著名的物理学家，量子理论奠基人，哥本哈根学派领袖，丹麦皇家科学院院长，1922年获诺贝尔物理学奖。玻尔一生从事科学研究，达57年之久。他的研究工作开始于原子结构未知的年代，结束于原子科学已趋成熟并得到广泛应用的时代。他对原子科学的贡献使他毫无疑问地成了20世纪上半叶与爱因斯坦并驾齐驱的、最伟大的物理学家之一。

科学家档案

　　【中文名】尼尔斯·亨里克·戴维·玻尔

　　【外文名】Niels Henrik David Bohr

　　【国　　籍】丹麦

　　【出生地】哥本哈根

　　【生卒日期】1885年10月7日～1962年11月18日

　　【毕业院校】哥本哈根大学

　　【主要成就】量子理论—玻尔模型、哥本哈根学派

【代表著作】《论原子和分子结构》《原子物理学和人类知识》《原子物理学和人类知识（续）》《各元素的原子结构及其物理性质和化学性质》

人生足迹

1885年10月7日，玻尔出生在丹麦哥本哈根一个知识分子家庭。受家庭的熏陶并得到良好教育，他的知识视野很广。在他还是一个中学生时，就已经在父亲的指导下，进行了各种小型的物理实验。

1903年，玻尔考入哥本哈根大学数学和自然科学系，主修物理学。1907年，根据著名的英国物理学家诺贝尔奖获得者瑞利的著作，玻尔在父亲的实验室里开始研究水的表面张力问题。自制实验器材，通过实验取得了精确的数据，并在理论方面改进了瑞利的理论，其研究论文获得丹麦科学院的金奖章。

此后于1909年和1911年，玻尔分别以关于金属电子论的论文获得了哥本哈根大学的科学硕士学位和哲学博士学位。在此期间，他发展和完善了汤姆生和洛伦兹的研究方法，并开始接触到普朗克的量子假说。

毕业后，玻尔起初在英国剑桥大学汤姆生领导下的卡文迪许实验室工作。后来由于对卢瑟福的仰慕，于1912年3月到曼彻斯特大学在卢瑟福领导下工作了4个月。当时正值卢瑟福提出了他的原子核式模型，把原子设想成与太阳系相似的微观体系，但是这一模型在解释原子的力学稳定性和电磁稳定性上却遇到了矛盾。于是，玻尔开始酝酿自己的原子结构理论。

早在作硕士论文和博士论文时，玻尔就考察了金属中的电子运动，并明确意识到经典理论在阐明微观现象方面的严重缺陷。他非常赞赏普朗克和爱因斯坦在电磁理论方面引入的量子学说，在他研究原子结构问题时，也创造性地把普朗克的量子论和卢瑟福的原子核概念结合了起来。在玻尔离开曼彻斯特大学时，向卢瑟福呈交了一份论文提纲，在文章中引入了定态的概念，并给出了定态应满足的量子条件。

1913年，玻尔回到哥本哈根以后，根据卢瑟福的原子模型发展了对氢原子结构的新观点。在卢瑟福的帮助下，他的《论原子和分子结构》于1913年分三次发表在《哲学杂志》上。玻尔在这篇著作中创造性地把卢瑟福、普朗克和爱因斯坦的思想结合起来了，把光谱学和量子论结合在一起了，提出了量子不连续性，成功地解释了氢原子和类氢原子的结构和性质。此论文被他的学生罗森菲尔德誉为"伟大的三部曲"。1913年9月，经福勒的助手伊万斯所做的实验证实，玻尔的说法是正确的，这使玻尔的理论经受了一次实践的考验，并在整个物理界取得了"轰动性的效应"。

1920年哥本哈根大学根据玻尔的倡议，成立了一个理论物理研究所，由他担任所长，玻尔担任这个研究所的所长达40年，起了很好的组织作用和引导作用。在他的周围聚集着许多有为的青年理论物理学家，他们互相磋商，自由讨论，不断创新，最后发展成了有名的"哥本哈根学派"。

1921年，玻尔发表了《各元素的原子结构及其物理性质和化学性质》的长篇演讲，阐述了光谱和原子结构理论的新发展，诠释了元素周期表的形成，对周期表中从氢开始的各种元素的原子结构作了说明，同时对周期表上的第72号元素的性质作了预言。1922年，发现了72号元素铪，证实了玻尔预言的正确。由于对原子结构理论作出的重大贡献，玻尔获得了1922年度诺贝尔物理奖。

1943年，玻尔从德军占领下的丹麦逃到美国，参加了研制原子弹的工作，但对原子弹即将带来的国际问题深为焦虑。1945年，第二次世界大战结束后，玻尔很快回到了丹麦继续主持研究所的工作，并大力促进核能的和平利用。1952年，玻尔倡议建立欧洲原子核研究中心，并且自任主席。1955年他参加创建北欧理论原子物理学研究所，担任管委会主任。同年丹麦成立原子能委员会，玻尔被任命为主席。1962年11月18日，玻尔因心脏病突发在丹麦的卡尔斯堡寓所逝世，享年75岁。

玻尔的一生得到过很多荣誉，除诺贝尔物理奖外，还获得过英国、挪威、意大利、美国、德国、丹麦给予科学家的最高奖赏。得到各种学术头衔、名誉学位，会员资格比任何一位同时代的科学家都多。他热爱祖国，以他的决心和胆识，谢绝各种外来的高薪聘请，在一个人口不到五百万的丹麦国建立起物理学的国际中心，把哥本哈根建成了物理学家"朝拜的圣地"。他的一生就是不断地进取和创造，为后来人树立了光辉的榜样。

重要贡献

玻尔在科学界的贡献主要体现在奠定量子力学基础的玻尔理论和哥本哈根学派两大方面，他还涉足了原子核物理领域，亦有所建树。

1. 玻尔的"伟大三部曲"

20世纪之初，卢瑟福的有核原子模型刚刚确立，人们对于原子内部的结构和运动所知甚少，而无论是光谱学方面的少数几条定律还是化学方面的元素周期表，也还都停留在经验规律的水平上，还根本没有得到任何满意的理论解释。另一方面，卢瑟福的有核原子模型却明显地和经典物理学不相容，就是说，按照经典理论，卢瑟福模型将不会有物质原子所具有的那种稳定性。

在这种背景下，玻尔认识到，必须把原子现象和原子核现象区分开来，卢瑟福提出的原子核模型，预示了必须找到新的原子模型，否则难以与α粒子散射实验相符。

当时，卢瑟福的核模型不是遭到反对，就是不予理睬。玻尔是为数不多的接受这一模型的物理学家之一，因为玻尔看出，应该否定的不是卢瑟福的模型，而是以经典力学为基础的原子结构理论对它的说明。他想到"只有量子假说才是摆脱困境的唯一出路"。

1913年初，玻尔抓住了光谱线的线索，使他的构想发展到了一个决定的阶段。1913年3、6、9月，玻尔先后给卢瑟福寄去他那著名的关于原子结构和氢光谱理论的"三部曲"——《论原子和分子的结构》，经卢瑟福推荐发表于当年《哲学杂志》上，成为原子物理学的划时代文献。他的原子结构有三个著名的假设：

（1）态假设：原子只能处于一系列不连续的能量状态中，在这些状态中，电子虽然做变速运动，但并不向外辐射电磁波，这样相对稳定的状态称为定态。与定态相应的能量分别为E_1，E_2……$E_1 < E_2 < E_3$。

（2）跃迁假设：电子绕核转动处于定态时不辐射电磁波，但电子在两个不同定态间发生跃迁时，却要辐射（或吸收）电磁波（光子），其频率由两个定态的能量差值决定于频率条件。

（3）轨道量子化假设：由于能量状态的不连续，因此电子绕核运动的轨道半径也不能任意取值，必须满足：定态轨道的角动量。

其中，h为普朗克常量；m为电子质量；ν为氢原子光谱频率；r为量子化半径；n为正整数，又称量子数，取1，2，3……

玻尔理论提出了一个动态的原子结构轮廓，称为"玻尔模型"，揭示了光谱线与原子结构的内在联系，推动了物质结构理论的发展。玻尔的原子理论给出这样的原子图像：电子在一些特定的可能轨道上绕核做圆周运动，离核越远能量越高；可能的轨道由电子的角动量必须是h/2π的整数倍决定；当电子在这些可能的轨道上运动时原子不发射也不吸收

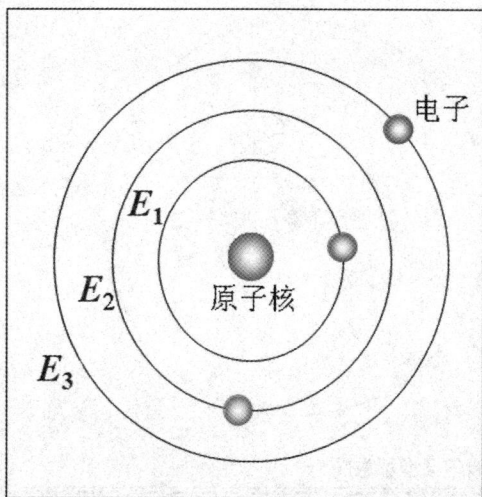

原子处于定态

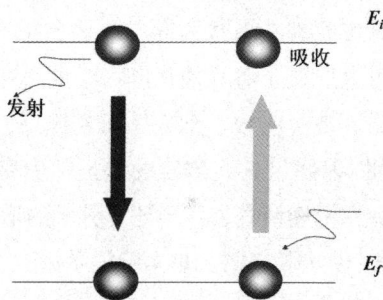

电子跃迁

能量，只有当电子从一个轨道跃迁到另一个轨道时原子才发射或吸收能量，而且发射或吸收的辐射是单频的，辐射的频率和能量之间关系由E＝hν给出。玻尔的理论成功地说明了原子的稳定性和氢原子光谱线规律。其理论计算与实验测定精度之比达万分之二，使物理学界大为震惊。

但是，玻尔模型并不能很好地说明其他元素的光谱，而且根本无法说明任何一条光谱线的强度和偏振，而玻尔的宏伟目标却从一开始就是要说明各

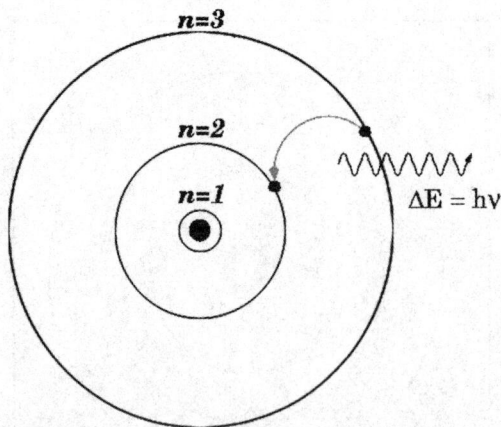

$$n=3$$
$$n=2$$
$$n=1$$
$$\Delta E = h\nu$$

玻尔模型示意图

种原子和分子的形形色色的物理性质和化学性质，特别是说明显示这些性质的变化情况的元素周期表，为了达到这样的目的。为了更深入地探索经典理论和量子理论之间的关系，玻尔逐步发展并于1918年初次阐述了他的理论。

他认为，按照经典理论来描述的周期性体系的运动和该体系的实际量子运动之间存在着一定对应关系；具体地说，体系的经典广义坐标傅里叶系数和体系的跃迁概率之间存在着简单的对应关系。后来这一理论被称为对应原理。

对应原理在当时的发展水平上成了从经典理论通向量子理论的桥梁，而且后来也形成了海森伯矩阵力学的直接的前奏。玻尔的理论触发了大量的研究工作。玻尔吸收了别人的研究成果，利用自己的对应原理，对各种元素的光谱和X射线谱、光谱线的（正常）塞曼效应和斯塔克效应、原子中电子的分组和元素周期表，甚至还有分子的形成，都提出了相对合理的理论诠释。

2．创建著名的"哥本哈根学派"

1921年，在玻尔的倡议下成立了哥本哈根大学理论物理学研究所，由此建立了哥本哈根学派。玻尔领导这一研究所对量子物理学有着深入广泛的研究，达40年之久，这一研究所培养了大量的杰出物理学家，其中玻恩、海森伯、泡利以及狄拉克等都是这个学派的主要成员。玻尔还培养了六百多位外国物理学家，几乎没有任何一位量子物理学家不曾从这里得到教益。

哥本哈根学派对量子力学的创立和发展作出了杰出贡献，并且它对量子力学的解释被称为量子力学的"正统解释"。玻尔本人不仅对早期量子论的发展起过重大作用，而且他的认识论和方法论对量子力学的创建起了推动和指导作用，他提出的著名的"互补原理"是哥本哈根学派的重要支柱。玻尔领导的哥本哈根理论物理研究所成了量子理论研究中心，由此该学派成为当时世界上力量最雄厚的物理学派。

3. 互补原理

1928年玻尔首次提出了互补性观点，试图回答当时关于物理学研究和一些哲学问题。其基本思想是，任何事物都有许多不同的侧面，对于同一研究对象，一方面承认了它的一些侧面就不得不放弃其另一些侧面，在这种意义上它们是"互斥"的；另一方面，那些另一些侧面却又不可完全废除的，因为在适当的条件下，人们还必须用到它们，在这种意义上说二者又是"互补"的。

按照玻尔的看法，追究既互斥又互补的两个方面中哪一个更"根本"，是毫无意义的；人们只有而且必须把所有的方面连同有关的条件全都考虑在内，才能而且必能得到事物的完备描述。

玻尔认为他的互补原理是一条无限广阔的哲学原理。在他看来，为了容纳和排比"我们的经验"，因果性概念已经不足以应用了，必须用互补性概念这一"更加宽广的思维构架"来代替它。因此他说，互补性是因果性的"合理推广"。尤其是在他的晚年，他用这种观点论述了物理科学、生物科学、社会科学和哲学中的无数问题，对西方学术界产生了相当重要的影响。

4. 在原子核物理方面的成就

作为卢瑟福的学生，玻尔除了研究原子物理学和有关量子力学的哲学问题以外，对原子核问题也是一直很关心的。从20世纪30年代开始，他的研究所花在原子核物理学方面的力量更大了。他在30年代中期提出了核的液滴模型，认为核中的粒子有点像液滴中的分子，它们的能量服从某种统计分布规律，粒子在"表面"附近的运动导致"表面张力"的出现，如此等等。这种模型能够解释某些实验事实，是历史上第一种相对正确的核模型。在这样的基础上，他又于1936年提出了复合核的概念，认为低能中子在进入原子核内以后将和许多核子发生相互作用而使它们被激发，结果就导致核的蜕变。这种颇为简单的关于核反应机制的图像至今也还有它的用处。

当迈特纳和弗里胥根据哈恩等人的实验提出了重核裂变的想法时，玻尔等人立即理解了这种想法并对裂变过程进行了更详细的研究，玻尔并且预言了由慢中子引起裂变的是235U（铀）而不是238U（铀）。他和惠勒于1939年在《物理评论》上发表的论文，被认为是这一期间核物理学方面的重要成就，这方面的研究导致了大规模释放核能成为现实。

科学家轶事

一天，玻尔与他的儿子吉姆·贝克造访了美国洛斯阿拉莫斯国家实验室。即使对于该实验室的负责人来说，玻尔也是个神，每个人都想一睹玻尔的风采。当时费米也在这里工作，职位很低。与玻尔聚会讨论的会议开始了，人到了很多，费米坐在一个角落里，只能从前面两个人的脑袋之间看到玻尔。

玻尔旧照

举行下一次会议的那天早晨，费米接到一个电话：

"喂，是费米么？"

"是的。"

"我是吉姆·贝克，我父亲与我想找你谈谈。"

"我吗？我是费米，我只是个（小伙计）……"

"是找你，8点钟见面行吗？"

到了8点，费米与玻尔父子在办公室相见。玻尔说："我们一直在想怎样能使炸弹更有威力，想法是这样的……"

费米说："不行，这个想法不行，没有效果……"

"那么换一个办法如何呢？"

"那要好一些，但这里也有愚蠢之处。"

他们讨论了约两个小时，对于各种想法反复推敲着、争论着。玻尔不断地点燃着烟斗，因为它老是灭掉。

最后玻尔边点燃烟斗边说："我想现在我们应该把大头头们叫来讨论了。"

小玻尔后来对费米解释，上一次开会时，他父亲对他说："记住那个坐在后面的小伙子的名字了么？他是这里唯一不怕我的人，只有他才会指出我的想法是否疯了。所以下次我们讨论想法时，将不与那些只会说'是的，玻尔先生，这一切都行得通'的人讨论。把那个小家伙叫来，我们先跟他讨论。"

费米于是恍然大悟，为什么玻尔会打电话叫他。

经典语录

1. 我不怕在学生面前显露我的愚蠢。

2. 我们所谓的"真实"的事物都是由不能当做真实的东西构成的。

3. 如果量子力学不能让你深感震惊，就说明你还不懂它。

4. 认为物理学的任务是去发现自然究竟是怎么样的想法是错误的。物理学只有关于我们对自然能做什么的描述。

薛定谔

Erwin Schr dinger

薛定谔，20世纪奥地利最著名的、最伟大的科学家之一。他在量子力学、统计力学、广义相对论和宇宙学、统一场论等几乎所有当代理论物理学前沿都颇有造诣并作出贡献，甚至在生物学、生理学和气象学方面也产生过重要影响，被誉为百科全书式的博学才子；同时他又是一位哲人科学家，一生对哲学抱有浓厚的兴趣，撰写了许多哲学论著，反映出他深邃的内心世界。薛定谔一生都在为人类对自然和自我的理解而奋斗，他的足迹给后人留下一座座路标，使后来者从中获得激励和启示。

科学家档案

【中 文 名】埃尔温·薛定谔

【外 文 名】Erwin Schr　dinger

【国　　籍】奥地利

【出 生 地】奥地利维也纳

【生卒日期】1887年8月12日～1961年1月4日

【毕业院校】维也纳大学

【主要成就】薛定谔方程、发现原子理论的新形式

【代表著作】《物理学手册》《单原子理想气体的量子理论》《作为本征值问题的量子化》《论海森堡、玻恩和约旦的量子力学与薛定谔的量子力学之间的关系》《统计热力学》《生命是什么——活细胞的物理学观》

人生足迹

1887年8月12日，薛定谔出生于奥地利的维也纳。父母都是名门出身。薛定谔在中学时代就有广泛兴趣，不仅对自然科学，而且也很喜欢古代语言的严密逻辑和德国诗歌的优美谐和，他最讨厌的却是死背数字和书本。

1906年到1910年间，薛定谔在维也纳大学物理系学习，此时他已掌握了连续介质物理学中的本征值问题，为他以后的工作奠定了基础。1910年获得博士学位后，在维也纳大学第二物理研究所工作。

1913年，薛定谔与科尔劳施合写了关于大气中钍的含量测定实验物理论文，并获得了奥地利帝国科学院的海廷格奖金。1920年，他移居耶拿，担任维恩的物理实验室的助手。

1921年到1927年，薛定谔在苏黎世大学任教，头几年，他主要研究有关热学的统计理论问题，写出了有关气体和反应动力学、振动、点阵振动（及其对内能的贡献）的热力学以及统计等方面的论文。

1925年底到1926年初，薛定谔在爱因斯坦关于单原子理想气体的量子理论和德布罗意的物质波假说的启发下，从经典力学和几何光学间的类比，提出了对应于波动光学的波动力学方程，奠定了波动力学的基础。1926年1～6月，他以《量子化就是本征值问题》为题一连发表了四篇论文，系统地阐明了波动力学理论。

1935年，薛定谔发表了一篇论文，题为《量子力学的现状》，在这篇论文中，他发表了著名的"薛定谔猫"猜想，为量子力学的发展作出了贡献。在后期，薛定谔研究有关波动力学的应用及统计诠释，新统计力学的数学特征以及它与通常的统计力学的关系等问题。1944年，他写了一本《生命是什

么》的书。

1927年至1933年，薛定谔在柏林大学担任物理系主任，后因纳粹迫害犹太人，他不得不在1933年离开德国辗转到澳大利亚、英国、意大利等地，又于1939年转到爱尔兰，在都柏林高级研究所工作了17年。1956年回到维也纳，任维也纳大学荣誉教授。1957年他一度病危。1961年1月4日，他在奥地利的阿尔卑巴赫山村病逝。

重要贡献

薛定谔在物理学上最重要的贡献是创立波动力学，提出薛定谔方程，揭示了微观物理世界物质运动的基本规律。他的发现有如牛顿发现三定律，对量子理论的贡献不言而喻。

1. 创立波动力学

1924年，法国物理学家德布罗意首先提出了物质波理论，即一切微观粒子，像光一样也都具有波粒二象性。在这一理论的基础上，薛定谔于1926年独立地创立了波动力学，提出了薛定谔方程，确定了波函数的变化规律。这与海森伯等人几乎同时创立的矩阵力学成为量子力学的双胞胎。

现在这些理论已经成为研究原子、分子等微观粒子的有力工具，并奠定了基本粒子相互作用的理论基础。薛定谔的理论，与海森伯所发展的形式不同，这个理论的数学式子便于实际应用。尽管形式上好像两种完全不同的理论，但是薛定谔能够证明它们在数学上是等价的。

薛定谔波动方程提出之后，在微观物理学中得到了广泛的应用。薛定谔的许多科学论著中，以1927年和1928年发表的《波动力学论文集》和《关于波动力学的四次演讲》最为著名。对于固体的比热、统计热力学、原子光谱、镭、时间与空间等方面，他都发表过研究论文。

2. "薛定谔猫"态

根据量子力学理论，物质在微观尺度上存在两种完全相反状态并存的奇特状况，这被称为有效的相干叠加态。由大量微观粒子组成的宏观世界是否也遵循量子叠加原理？奥地利物理学家薛定谔为此在1935年提出著名的"薛定谔猫"态假设。

"薛定谔猫"态假设了这样一种情况：将一只猫关在装有少量镭和氰化物的密闭容器里。镭的衰变存在概率，如果镭发生衰变，会触发机关打碎装有氰化物的瓶子，猫就会死；如果镭不发生衰变，猫就存活。根据量子力学理论，由于放射性的镭处于衰变和没有衰变两种状态的叠加，猫就

"薛定谔猫"假设

理应处于死猫和活猫的叠加状态。这只既死又活的猫就是所谓的"薛定谔猫"。

显然，既死又活的猫是荒谬的。薛定谔想要借此阐述的物理问题是：宏观世界是否也遵从适用于微观尺度的量子叠加原理。"薛定谔猫"巧妙地把微观放射源和宏观的猫联系起来，旨在否定宏观世界存在量子叠加态。然而随着量子力学的发展，科学家已先后通过各种方案获得了宏观量子叠加态。此前，科学家最多使4个离子或5个光子达到"薛定谔猫"态。但如何使更多粒子构成的系统达到这种状态并保存更长时间，已成为实验物理学的一大挑战。

2005年12月，美国国家标准和技术研究所的莱布弗里特等人在《自然》杂志上称，他们已实现拥有粒子较多而且持续时间最长的"薛定谔猫"态。实验中，研究人员将铍离子每隔若干微米"固定"在电磁场中，然后用激光使铍离子冷却到接近绝对零度，并分三步操纵这些离子的运动。为了让尽可能多的粒子在尽可能长的时间里实现"薛定谔猫"态，研究人员一方面提高激光的冷却效率，另一方面使电磁场尽可能多地吸收离子振动发出的热量。最终，他们使6个铍离子在50微秒内同时顺时针自旋和逆时针自旋，实现了两种相反量子态的等量叠加纠缠，也就是"薛定谔猫"态。

奥地利的斯布鲁克大学的研究人员也在同期《自然》杂志上报告说，他们在8个离子的系统中实现了"薛定谔猫"态，但维持时间稍短。

现在看来，"薛定谔猫"态不仅具有理论研究意义，也有实际应用的潜力。比如，多粒子的"薛定谔猫"态系统可以作为未来高容错量子计算机的核心部件，也可以用来制造极其灵敏的传感器以及原子钟、干涉仪等精密测量装备。

3. 推动分子生物学的发展

1944年，薛定谔发表了《生命是什么？——活细胞的物理面貌》一书。在此书中，薛定谔试图用热力学、量子力学和化学理论来解释生命的本性，引进了非周期性晶体、负熵、遗传密码、量子跃迁式的突变等概念。这本书使许多青年物理学家开始注意生命科学中提出的问题，引导人们用物理学、化学方法去研究生命的本性，使薛定谔成了今天蓬勃发展的分子生物学的先驱。

科学家轶事

1926年，爱因斯坦在多次通信中高度评价了薛定谔的工作："我确信，通过你（指薛定谔）的关于量子条件的公式表述，你已作出了决定性的进展。""在这些对量子规则作深刻阐明的新尝试中，我最满意的是薛定谔的表达方式。""薛定谔的构思，证实着真正的独创性。"

但是薛定谔却非常谦虚地称建立波动力学是受到德布罗意的影响，并在给爱因斯坦的信上说："如果不是爱因斯坦和德布罗意的启发，如果不是德布罗意的想法的重要性，波动力学不可能建立，可能永远不会建立。"

经典语录

1. 创造力最重要的不是发现前人未见的，而是在人人所见到的现象中想到前人所没有想到的。

2. 就其本身而言，一小群专家在一个狭隘领域里获得的孤立认识没有任何价值，该认识只有融入整个认识理论体系，并在综合中对回答"我们是谁"这个问题真有裨益时，它才具有价值。

查德威克

James Chadwick

查德威克，英国著名实验物理学家，主要从事原子核物理学的实验研究。他参与过"曼哈顿计划"，最重要的贡献是发现了中子，不仅改变了当时人们的物质结构的概念，同时还为研究和变革原子核提供了一种有力的手段，促进了核裂变研究工作的发展和原子能的利用。由于这一重要的发现，他获得了1935年诺贝尔奖物理学奖。

科学家档案

【中 文 名】詹姆斯·查德威克

【外 文 名】James Chadwick

【国　　籍】英国

【出 生 地】英国曼彻斯特

【生卒日期】1891年10月20日～1974年7月24日

【职　　业】物理学家

【毕业院校】曼彻斯特大学

【主要成就】发现中子

【代表著作】《中子可能存在》《中子的存在》

人生足迹

1891年10月20日，查德威克生于曼彻斯特，1911年毕业于曼彻斯特大学，随即留校在卢瑟福指导下进行放射性研究。

1913年，查德威克获硕士学位，随即得奖学金赴柏林向卢瑟福的合作者盖革学习，首先发现γ射线具有连续能谱。在那里正遇上第一次世界大战爆发，他被作为战争囚犯关押起来，但在监禁期间他仍设法搞起一个小的研究实验室，继续做"在光照射下光气的生成"等物理实验。

1919年，查德威克回到英国，随卢瑟福来到卡文迪许实验室，协助卢瑟福完成人工用α粒子人工轰击各种元素的试验，从而实现核转变的研究。

1920年他通过铂、银和铜核研究α粒子的散射，直接测出了原子核的电荷，从而完全证实了卢瑟福的原子理论和关于元素的核结构以及核电荷数与元素的原子序数相等的结论。1923年，他被任命为剑桥大学卡文迪许实验室主任助理。

1921—1924年，查德威克协助卢瑟福做了大量实验：从硼到钾的粒子轰击试验。证明除碳与氧外，其他元素的核俘获一个α粒子后都能放出一个质子并转变为元素周期表上的下一个元素。

1932年，查德威克在《皇家学会学报》上以《中子的存在》为题写成了论文。向世人宣布他发现了中子，这也是他作出的最大的贡献。

1935—1948年，查德威克担任利物浦大学教授，并于1939年至1943年间，参加英国及美国"曼哈顿计划"的原子弹研究，获得多种荣誉。1945年被封为爵士。1948年起任剑桥大学戈维尔和凯尔斯学院院长。1974年7月24日，查德威克在英国剑桥逝世，享年83岁。

重要贡献

在查德威克的科学研究中，最重要的贡献就是发现了中子。事实上查德威克发现中子不是偶然的事件。他目标明确，在卢瑟福的中子假说指导下，从1921年就开始了对中子的实验探索工作。经过前后12年的努力，反复试验、多方探索、经历了许多曲折才取得成功的。

1932年，法国物理学家约里奥·居里夫妇用钋源中的α粒子轰击铍靶，产生了穿透本领强的射线，用这种射线照射石蜡，发现石蜡经撞击后发射出质子来。他们误认为这种射线是γ射线，γ射线有一种新的作用，可以把石蜡中的质子打出来。

查德威克以特有的敏感性感到需要重新审查这一实验结果，他发现这种射线的速率只有光速的1/10，不可能是γ射线。于是，他一方面用弹性碰撞的理论来分析，根据碰撞过程中的能量和动量守恒，确认这种中性射线是质量很大的中性粒子；另一方面用实验测得这种中性粒子的质量和氢核的质量几乎相等。

查德威克主要做了如下实验：

（1）考察反冲现象的普遍性。他把各种轻元素和气体一一进行试验，证明毫无例外地都会发生核反冲现象。

（2）检验碰撞的能量关系。查德威克用石蜡做吸收实验，在石蜡板和游离室之间放置不同厚度的铝片，作吸收曲线，由此测出石蜡放出的质子具有5.7×10^6电子伏的能量。如果铍辐射是由γ光子组成，根据能量守恒定律和动量守恒定律，可以像康普顿效应那样计算出γ光子的能量应为55×10^6电子伏。用同样的铍辐射轰击氮，从云室中氮的反冲核留下的径迹，估计氮核能量约为1.2×10^6电子伏，计算得到的γ光子能量应为90×10^6电子伏。这就表明：如果用与量子的碰撞来解释反冲原子，则当被碰撞原子的质量增加时，必须假设这一量子的能量越来越大。

查德威克在论文中写道："显然，在这些碰撞过程中，我们要么放弃应用能量与动量守恒，要么采用另一个关于辐射本性的假设。如果我们假设这一辐射不是量子辐射（即 γ 光子）而是质量与质子几乎相等的粒子，所有这些与碰撞有关的困难都会消除……" 于是，查德威克就假定铍辐射是卢瑟福预言

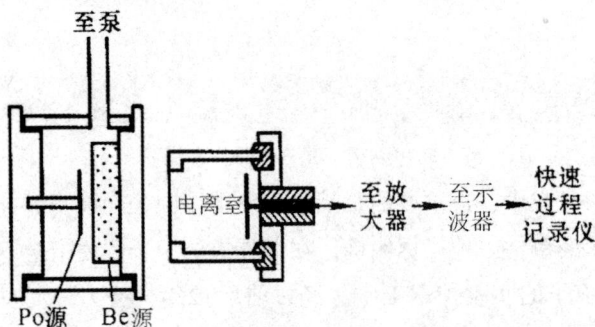

查德威克发现中子的设备简图

的中子。

（3）用云室测中子质量。将氮充入云室，从云室观测到氮原子在铍辐射（中子）轰击后的反冲速度为 4.7×10^8 厘米／秒，与同样的铍辐射（中子）轰击石蜡得到的质子速度 3.3×10^9 厘米／秒进行比较，可以粗略求得铍辐射的粒子质量与质子的质量非常接近。

查德威克还进一步根据质谱仪测得的数据推算出了中子的精确质量为 1.0067（原子质量单位），并对中子的性质进行了详尽的分析，以确凿的事实证明中子的存在，卢瑟福1920年预言的中子终于出现了。就这样，查德威克终于在1932年发现了这种中性粒子，他采纳了美国化学家哈金斯的建议，把这种中性粒子叫做中子。

1932年2月17日，查德威克在《自然》上发表了他的研究成果《中子可能存在》。接着，在《英国皇家学会通报》上他又发表了题为《中子的存在》一文，详细报告了实验结果及理论分析。为了奖励查德威克在中子的发现和研究中的杰出贡献，诺贝尔奖委员会将1935年度诺贝尔物理学奖颁发给他。

在原子物理学的发展中，中子的发现是一件划时代的大事。它引起了一系列发展：为核模型理论提供了重要依据，苏联物理学家伊万宁科据此首先提出原子核是由质子和中子组成的理论；激发了一系列新课题的研究，引起一连串的新发现；找到了核能实际应用的途径，用中子作为炮弹轰击原子核，比 α 粒子有大得多的威力。因此，可以说中子的发现打开了原子核的大门。

科学家轶事

第一次世界大战期间的某一天，正在实验室里认真观察实验结果的查德威克，被一伙法西斯分子用枪托打昏后带进了德国鲁赫本平民拘留所。他是被当作战俘扣留在这里的，尽管他从来也没有参加过战争。

在拘留所里，法西斯分子硬逼他承认杀死了多少多少德国士兵，还逼他承认他是英国政府派来的间谍。倔犟的查德威克用沉默来表示他的抗争，法西斯分子就用种种酷刑来折磨他，他常常被折磨得死去活来，但他一滴泪也没有流过。

更令他痛苦不堪的是，他无法继续从事他心爱的实验工作，去探索人类那么多的未知领域了。这对于一个无限热爱科学事业的人来说，是一个多么巨大的遗憾。

然而，他没有自暴自弃，更没有用死亡来了却自己的痛苦。后来，他利用法西斯分子对他稍微放松了看管的机会，联合其他几位战俘科学家，在拘留所里，搞起了一个小小的实验室。

这间实验室是一个只能拴两匹马的废旧的马棚，查德威克等人就是在这里从事 β 射线的实验的，当马粪和马尿的臊臭味不绝如缕地飘进他们的鼻子里的时候，他们却浑然不知。他们沉湎于 β 射线给他们带来的巨大的快乐之中，他们感觉这样的实验，真是别有情趣。

经典语录

1. 为了能够作真实和正确的判断，必须使自己的思想摆脱任何成见和偏执的束缚。

2. 科学的敌人，不比朋友少。

3. 没有艰苦劳动，就没有科学创造。

狄拉克

Paul Adrie Maurice Dirac

　　狄拉克，英国理论物理学家，量子力学的奠基者之一，也是量子力学的解说者和集大成者。在量子力学的理论基础特别是普遍变换理论的建立方面，在相对论性电子理论的创立方面，以及在量子电动力学和量子场论的建立方面，都作出了重大的贡献。因提出狄拉克方程与薛定谔共同获得1933年诺贝尔物理学奖。

科学家档案

【中 文 名】保罗·阿德里·莫里斯·狄拉克

【外 文 名】Paul Adrie Maurice Dirac

【国　　籍】英国

【出 生 地】英国布里斯托尔

【生卒日期】1902年8月8日～1984年10月20日

【毕业院校】布里斯托尔大学

【主要成就】费米—狄拉克统计、狄拉克方程

【代表著作】《量子力学原理》《量子力学讲义》《量子场论讲义》《量子论的发展》《希耳伯特空间中的旋量》《广义相对论》《物理学的方向》

人生足迹

1902年8月8日，狄拉克生于英国布里斯托尔城。他的父亲是瑞士人，母亲是英国人。他小时候在商人开办的一所中学里跳级读完中学，自学了相当高深的数学。1918年考入布里斯托尔大学学电机工程，后来又学了两年数学，1921年大学毕业，获电气工程学士学位和数学学士学位。

1923年，狄拉克考入剑桥大学圣约翰学院当数学研究生，1926年获博士学位。次年他成为圣约翰学院的研究员，1932年担任剑桥大学卢卡西讲座数学教授。

1925年，狄拉克开始研究由海森伯等人创立的量子力学，1926年发表题为《量子力学》的论文，获剑桥大学物理学博士学位，应邀任圣约翰学院研究员。1929年，他周游各国，做学术访问，先在美国逗留了五个月，后来和海森伯一起访问日本，再横贯西伯利亚，回到英格兰。1930年，狄拉克被选为英国伦敦皇家学会会员。

1932年到1969年，狄拉克任剑桥大学卢卡斯数学教授，1969年退休。在此期间，他还担任过美国威斯康星大学、密执安大学、普林斯顿大学、迈阿密大学等有名学府的访问教授。1933年狄拉克和薛定谔、海森伯一起分享当年度诺贝尔物理学奖金。

1971年，狄拉克出任剑桥大学荣誉教授，兼任美国佛罗里达州立大学物理学教授。1984年10月20日，狄拉克在美国佛罗里达逝世，享年82岁。为悼念这位伟大的理论物理学家，英国剑桥大学圣约翰学院举行了隆重的纪念报告会。

狄拉克把自己毕生的精力、兴趣、热情全部投入追求科学真理的事业，对物理学的发展充满信心。他为当代物理学提供了丰富的物理思想，如正则量子化、变换理论、合时微扰、二次量子化、粒子沙表象、空穴理论和反粒子概念、对称量子电动力学、路径积分、多时理论、重正化方法、用单极、弦模型、不定度规、引力场量子化等等。这些创造性的新思想为当代物理理论的发展开拓出新路。一大批获得诺贝尔奖金的杰出物理学家都是在狄拉克思想的引导下，或在狄拉克开辟的道路继续前进而取得丰硕成果的。

狄拉克对物理学的杰出的贡献也为他带来了崇高的声誉，他因建立了量子力学而和薛定谔共获1933年度诺贝尔物理学奖，1939年获英国皇家奖章，1952年获英国皇家学会科普利奖章。他除了是英国皇家学会的成员以外，还是苏联科学院通信院士和美国普林斯顿高级研究院、罗马教皇科学院的成员。

重要贡献

狄拉克在物理学领域里建树颇多，在量子力学的理论基础特别是普遍变换理论的建立方面，在相对论性电子理论的创立方面，以及在量子电动力学和量子场论的建立方面，都作出了重大的贡献。

狄拉克的工作主要涉及量子力学的数学方面和理论方面。当1925年海森堡提出新的量子力学时，狄拉克就开始了这方面的研究，并且独立地提出了一种数学上的对应，主要是计算原子特性的非交换代数。为此他写了一系列论文，从而逐步形成了他的相对论性电子理论——狄拉克方程和空穴理论。

1．相对论性电子理论——狄拉克方程

1926年，狄拉克研究出量子力学的数学工具——变换理论，并且和费米各自独立地提出具有半整数自旋粒子的统计公式"费米—狄拉克统计法"。

1927年，狄拉克在讨论辐射的量子理论时转载入电磁场的量子化，从而第一次提出了二次量子化理论，把量子论应用于电磁场，得到完整的第一个量子化场的模型，这一理论为建立量子场论奠定了基础。

1928年，狄拉克与海森伯合作，发现交换相互作用，引入交换力。后来他又把相对论引进了量子力学，建立了相对论性电子理论，提出描写电子运动并且满足相对论不变性的波动方程（相对论量子力学）。在这个理论中，他把相对论、量子和自旋这些在此以前看来似乎无关的概念和谐地结合起来，从而建立了相对论形式的薛定谔方程，也就是著名的狄拉克方程。后来发展成为相对论性量子力学的基础。

这一方程具有两个特点：一是满足相对论的所有要求，适用于运动速度无论多快的电子；二是它能自动地导出电子有自旋的结论。这一方程的解很特别，既包括正能解，也包括负能解。

狄拉克工作的重要性就在于，他天才地把狭义相对论引进薛定谔方程，巧妙地把两大理论体系——量子论和相对论成功地统一了起来，这两方面从数学上看不仅彼此是不同的，

狄拉克与海森伯（1930年）

而且是彼此对立的，却在他的方程中融合到了一起，并且由此得到了许多意想不到的结果。这不能不说是数学和物理高度结合的杰作。

而量子论与相对论经过狄拉克的这一结合，自然地推出了电子的自旋，并得到电子自旋值为，进一步论证了电子磁矩的存在。狄拉克还赋予真空以新的物理意义，并预示了正电子的存在，这是狄拉克理论最有意义和影响深远的一些结果。

此外，狄拉克还对量子力学的理论基础作了系统的总结，提出了一整套数学表示方法，他利用左向量、右向量、矩阵以及颇函数等概念简洁地表述了量子力学中储量之间的关系，提出了量子力学的变换理论。

2. 空穴理论

狄拉克方程不但有正能解，还可以有负能解，而负能解意味着正能电子向负能态跃迁，这显然是不合理的。为了克服这一困难，狄拉克提出了"空穴理论"。他认为真空实际上是所有负能态都被填满的最低能态，负能态如果有一个没有被填满，就是由于缺少一个负能电子而出现了一个"空穴"，"空穴"相当于正能粒子。

这个理论预言了正电子的存在，认为正电子是电子的一个镜像，它们具有严格相同的质量，但是电荷符号相反；同时还预言存在着一个电子和一个正电子互相湮灭放出光子的过程；相反，这个过程的逆过程，就是一个光子湮灭产生出一个电子和一个正电子的过程也是可能存在的。

1932年，美国物理学家安德森在不知道狄拉克的理论预言的情况下，用云室观测宇宙线簇射中高能电子径迹的时候，奇怪地发现强磁场中有一半电子向一个方向偏转，另一半向相反方向偏转，经过仔细辨认，这就是狄拉克预言的正电子。不久，布莱克特在用云室观察宇宙线时又发现了 γ 射线产生电子对，正、负电子碰撞"湮灭"成光子等现象，全面印证了狄拉克预言的正确性。

这样一来，狄拉克的相对论性电子理论不仅导致了认识反物质的存在，而且对于物理真空也有了新的概念，从而大大加深了人们对物质世界的认识。换言之，狄拉克的工作，开创了反粒子和反物质的理论和实验研究。

3．其他工作

狄拉克在理论物理中有许多创见。例如，1931年，狄拉克提出关于"磁单极"存在的假设。论证了以磁单极为基础的对称量子电动力学存在的可能性。1932年，他与福克和波多利斯基共同提出多时理论。1933年提出反物质存在的假设，假定了真空极化效应的存在。1936年建立了主要是关于自由粒子的经典场的普遍理论。1937年提出了引力随时间变化的假设。1942年为消除电子固有能量的无限大值而引入不定度规的概念。1962年提出 μ 子的理论，在这个理论中 μ 子被描写为电子的振动状态。此后，主要研究引力理论的哈密顿表述形式问题，以进一步把引力场量子化。

（注：μ 子是一种轻子，带有–1的基本电荷及1/2的自旋。）

科学家轶事

狄拉克性情古怪、难于相处。他与父亲、哥哥关系紧张。关于他不近人情的趣闻轶事一大堆：在剑桥大学的圣约翰学院，他度过了职业生涯的大部分时间。一次，有人问他准备去哪儿度假，20分钟后他才答道："你为什么想知道？"

　　还有一次，狄拉克在普林斯顿大学演讲。演讲完毕，一位听众站起来说："狄拉克博士，我不明白黑板右上角的方程式。"狄拉克什么也没说。主持者说："狄拉克教授，请回答他的问题。"狄拉克说："那不是问题，而是评论的一句话。"这个故事流传极广，它讲述了狄拉克表达的一个特点：话不多但含有简单、直接、原始的逻辑性。一旦抓住了他独特的、别人想不到的逻辑，他的文章读起来便很通顺，就像"秋水文章不染尘"，没有任何渣滓，直达深处，直达宇宙的奥秘。

经典语录

　　1. 完整的方程式之完美较之它们适合实验结果更为重要。

　　2. 如果物理定律在数学形式上不美，那就是一种理论还不够成熟的标志，说明理论有缺陷，需要改进。

　　3. 我没有试图直接解决某一物理问题，而只是试图寻找某种优美的数学。

奥本海默

J. Robert Oppenheimer

奥本海默，世界著名的理论物理学家，美国"曼哈顿计划"的主要领导者之一，由于领导发明了世界上第一颗原子弹，被称为"原子弹之父"。他在量子力学、黑洞理论方面作出过开创性的贡献，他对20世纪30年代美国物理学的迅速崛起起了重要的作用。

科学家档案

【中文名】罗伯特·奥本海默

【外文名】J. Robert Oppenheimer

【国　籍】美国

【出生地】美国纽约

【生卒日期】1904年4月22日～1967年2月18日

【毕业院校】哈佛大学

【主要成就】研制原子弹
【代表著作】《分子的量子理论》

人生足迹

1904年4月22日，奥本海默出生在纽约一个富有的德裔犹太人家庭。17岁时，他以十门全优的成绩毕业于纽约道德文化学校，因病延至次年入哈佛大学化学系学习，临近课程结束时，他选修了著名实验物理学家布里奇曼讲授的一门高等热力学，使他第一次对物理学产生了兴趣——这门科学触动了他心中的"原子情结"，因而他全身心地投入了布里奇曼领导的科研项目。

奥本海默是早慧的天才，三年就读完了大学，1925年，以荣誉学生的身份毕业于哈佛大学。由于得到布里奇曼教授的推荐，他来到剑桥三一学院加入卡文迪许实验室继续深造。

1926年，奥本海默转到当时欧洲理论物理学研究中心之一的德国哥廷根大学，跟随玻恩进行研究，1927年以量子力学论文获德国哥廷根大学博士学位。

1927年夏天，奥本海默学成归国，先去哈佛大学，然后到伯克利加州大学和帕萨迪纳加州理工学院任教。1928—1929年，他先后在莱顿大学和苏黎世大学与艾伦菲斯特和泡利一起切磋研究，其后的工作也深受泡利影响，始终瞩目于物理学发展的最前沿。

他曾早在1930年就预言正电子的存在，在1931年指出有整数和半整数不同自旋的粒子有不同的理论结构，并结合当时有关宇宙射线和原子核物理的大量观察实验结果，对种种基本粒子的性质进行了描述、计算和说明，未及而立之年，他已经确立起自身在美国物理学界的领先地位。

与此同时，奥本海默也逐步展示出他作为一个优秀教师的潜能和素质。他的周围总是聚集着一群才华横溢、思想敏锐的优秀青年，伯克利逐步成为美国的理论物理中心，他培养出的年轻物理学家后来也大多成为物理学界的顶尖高手，并由此形成美国物理学界著名的理论物理学派。

1942年，是奥本海默人生的一大转折，他被任命为战时洛斯阿拉莫斯实验室主任，负责制造原子弹的"曼哈顿计划"的技术领导。奥本海默和众多科学家一起完成了原子弹的研制任务。1945年，美国在日本先后投下两颗原子弹，迅速结束"二战"。

战后，奥本海默很快就回到加州大学和理工学院，1947年又任普林斯顿高等研究院院长，并于次年任美国物理学会主席。

1945年至1953年，奥本海默成为美国政府和国会制定原子能政策的主要顾问之一，此时，他致力于通过联合国来实行原子能的国际控制和和平利用，主张与包括苏联在内的各大国交流核科学情报以达成相关协议，并反对美国率先制造氢弹。然而，奥本海默的政治理念和从政经验显然是过于单纯幼稚了，很快他就成了政治迫害的对象。

奥本海默被指控为与共产党人合作，包庇苏联间谍，反对制造氢弹等。1953年美国政府对他进行审查，在一场著名的听证会上，美国能源委员会安全理事会没有发现其犯有叛国罪，但仍决定他不能再接触军事机密，解除了他的职务，这就是轰动一时的"奥本海默案件"。被解除职务的奥本海默不得不结束了他的政治生涯和借助于原子能来寻求国际合作与和平的政治理想。

退出政坛以后，奥本海默全身心地投入普林斯顿高等研究院的教学和管理，把他的教学风格和管理才能在这儿发扬光大，并组织了一系列重要的国际学术活动，促进了量子场论的发展。

奥本海默是美国20世纪50年代麦卡锡主义的受害者，是"冷战"年代美国恐共病和陷害狂潮下的牺牲品，虽然他没有得过诺贝尔奖，但他的成就绝不逊于任何一位诺贝尔奖得主。

重要贡献

奥本海默在历史上书写的最重要的一笔就是参加使他被世人称为"原子弹之父"的"曼哈顿计划"，而原子弹的研制成功，促使人类迅速掌握核能的利用，而他对纯粹的科学亦有极大的贡献。

1. 预言黑洞的存在

1939年，奥本海默根据爱因斯坦的广义相对论，分析了恒星在自身的引力作用下坍缩的过程，在1939年提出了比较准确的黑洞理论。他设想：如果恒星的质量不变，并让它们不断收缩，那么恒星的密度会越来越大，这样它的引力场也会越来越强。所以只要一直收缩，它迟早会变成一个连光都逃不出去的黑洞。比如太阳要是收缩到半径只有3000米的时候它就会变成一个黑洞。这个半径只有3000米的小圆球，密度却极大——1立方厘米的体积里甚至有200亿吨物质！

奥本海默在研究了中子星的特性后指出，如果中子星的质量超过3.2倍太阳的质量（更精细的模型给出的值在2～3倍之间），中子就无法与自身引力相抗衡，从而发生中子塌陷。这时没有任何力量能够抵挡住引力的作用，经过引力作用后的星核会形成一个奇异点，即没有体积只有大质量的高密度的点。

奥本海默的理论预言主要建立在以下三个要点上：

（1）自然界没有任何力能够支撑3倍以上太阳质量的"冷"物质，即已经停止热核反应的物质的引力坍缩。

（2）许多已观测到的热恒星的质量远远超过3倍以上的太阳质量。

（3）大质量恒星消耗其核燃料并经历引力坍缩的时间尺度是几百万年，所以这样的过程已经在具有100亿年以上高龄的银河系里发生了。

这是严格意义上的预言"黑洞"的存在。所以，人们把1939年算作现代黑洞理论诞生的年份。

2．领导"曼哈顿计划"

1942年，种种迹象表明，纳粹德国也正在加紧研制原子武器。众多科学家给当时的美国总统罗斯福写信，要求美国政府组织研制原子弹。美国政府接受建议，秘密实行制造原子弹的"曼哈顿计划"。

奥本海默被任命为负责该计划的主要负责人。"曼哈顿计划"要求把1939年在实验室里发现的原子裂变现象，应用于大规模杀伤性武器的研制。

奥本海默接受任务后，立即选择研制原子弹的实验室和制造厂的地址。奥本海默的家在新墨西哥州有一片牧场，他对这一带的情况了如指掌。就在这附近有一所很不起眼的小学，奥本海默认为这所小学和它的周围非常适合作为实验室和制造厂。于是，军方在1942年正式买下了这所校舍。随即学校迁走，周围地区被围上了铁丝网，由工程兵特遣部队快速施工。

很快，一排排厂房拔地而起，房子的表面全部涂上了绿色的伪装。而在公开出版的美国地图上，这块地方却神秘地消失了。

奥本海默就是整个计划的灵魂，他对理论、实验和技术都了如指掌，他把组织工作安排得井井有

"曼哈顿计划"的领导人罗伯特·奥本海默（戴着白帽子）以及根·莱斯利·格罗夫斯（中间）

条，无懈可击。他把来自不同国度、属于不同种族、操各种不同语言的科学家很好地协调起来，使一支庞大的科学队伍就像一台精密地组装起来的机器一样，配合默契，有条不紊，这大大加快了工程进度。

"曼哈顿计划"在紧张而神速地进行。1945年7月16日，美国终于试爆成功第一颗原子弹。8月6日，一颗代号"小男孩"的原子弹（相当于1.25万吨TNT）投在日本的广岛，8月9日另一颗代号"胖子"的原子弹（相当于3万吨TNT）投在日本的长崎。原子弹显示了巨大的威力，顷刻间使数十万生灵涂炭。尽管如此，在第二次世界大战期间，美国的这两颗原子弹毕竟震慑住战争狂人，加速了世界大战的结束。

原子弹研制成功，奥本海默领导的科学家完成了杜鲁门所盛赞的"一项历史上前所未有的大规模有组织的科学奇迹"，从而不仅验证了科学技术的巨大威力，为尽早结束战争作出了贡献，也为自己赢得了崇高的声誉，成了举国上下人所共知的英雄。他被人们誉为"原子弹之父"，《时代》杂志的封面上刊登着他的大幅照片，杜鲁门总统于1946年授予他美国功勋奖章，以表彰他"伟大的科学经验和能力，他的无穷无尽的精力，作为一个组织者和实行者的稀有才能，他的首创性和机智，和他对责任的坚定不移的献身……"

"胖子"在长崎爆炸瞬间

然而，面对着成功和荣誉，奥本海默的心情是苦涩而复杂的。科学的目的不仅仅在于求真，探索大自然的奥秘，也在于改善人们的生活条件并增进人类福祉。然而原子弹的研制，却很难与此目标一致，且包含着危及人类自身生存的潜在危险。尤其是当纳粹德国已经战败且已知其并不具备核能力，当现场目击第一颗原子弹试爆成功所展现的世界末日般情景时，科学家们体验到的绝不仅仅是成功的喜悦，更有着对于其未来前景的难以抑制的恐惧和担忧。因为他们清楚，这个孽障一旦被他们从潘多拉魔盒中亲手"释放"出来，其对于人类生命价值的肆虐和威胁，就不再为他们所能控制掌握了。

科学家轶事

1909年4月22日是奥本海默5岁的生日，爸爸送给他一些五颜六色、形状各异的石头。

"这石头有什么用吗，爸爸？"奥本海默困惑极了。

爸爸拿起一个上面有鱼纹图形的石头，对他说："孩子，这可不是一般的石头。这是化石，都是几万年甚至几十万年前动物或植物的遗体。这上面隐藏着许多秘密，隐藏着很多学问呢。"听爸爸这样说，奥本海默便喜欢上这些化石。

从此，奥本海默开始积极收集岩石标本，并在爸爸的指导下，与全国各地的岩石矿物学者通信。由于往返信中都是专业术语，所以那些与他通信的学者谁也没有想到他是一个孩子。

这天，11岁的奥本海默拿着一封信走进爸爸的书房："爸爸，你说逗不逗，这个矿物学教授叫我奥本海默教授呢，他还准备推荐我参加纽约矿物俱乐部呢。"

爸爸接过信一看，也笑了："他把你当成大人了，说明你还有一点成绩。不过，儿子，你可千万不能骄傲呀。"

"我不会的！"奥本海默慎重地点点头。

由于奥本海默平常通信带有极强的学术研究性，因此1916年，当他12岁时，矿物俱乐部给他发了邀请书，请他去作学术报告。开始奥本海默不肯去，毕竟年纪小，有点胆怯；但父亲鼓励他认真写论文，做好准备，勇敢地去作学术演讲报告。

就这样，12岁的奥本海默便面对着全国的矿物科学家和学者，作了题为"曼哈顿岛上的基岩"的科学报告，震惊了当时的美国学术界。

经典语录

1. 没有实验的自然科学，就像教人游泳却不让人下水一样，不切实际。

2. 愚人追寻快乐于远方；智者却把它种植在脚下。

3. 我们不相信哪一群人特别能干，无需监督和批评就能把事情办好。我们知道，避免错误的唯一办法就是要有自由提出问题的权利。我们知道，隐瞒错误就是变节与腐化的根源。我们知道，隐瞒着的错误终究是错误，并且会加深以致带来危害。

霍金

Stephen William Hawking

霍金，国际著名数学家、理论物理学家，英国剑桥大学应用数学和理论物理系终身教授，当代最重要的广义相对论和宇宙论家，是20世纪享有国际盛誉的伟人之一，被称为在世的最伟大的科学家之一，有"宇宙之王"之称。

科学家档案

【中 文 名】斯蒂芬·威廉·霍金

【外 文 名】Stephen William Hawking

【国　　籍】英国

【出 生 地】英国牛津

【生卒日期】1942年1月8日 ~

【毕业院校】牛津大学、剑桥大学

【主要成就】奇性定理、黑洞面积定理、黑洞霍金辐射和无边界宇宙理论

【代表著作】《时间简史：从大爆炸到黑洞》《时间简史续篇》《广义相对论：爱因斯坦百年评论》《空间—时间的大比例结构》《超空间和超重力》《宇宙之始》《时间简史》《未来的魅力》《果壳中的宇宙》《霍金讲演录——黑洞、婴儿宇宙及其他》《乔治开启宇宙的秘密钥匙》

人生足迹

1942年1月8日，霍金出生于英国牛津，那一天正好是伽利略逝世300周年的祭日。他的父亲法兰克是毕业于牛津大学的热带病专家，母亲伊莎贝尔于1930年代在牛津研究哲学、政治和经济。

童年时的霍金，学习成绩并不突出，可能因为他出生在第二次世界大战的时代，所以小时候对模型特别着迷。他十几岁时不但喜欢做模型飞机和轮船，还和同学制作了很多不同种类的战争游戏，反映出他研究和操控事物的渴望。这种渴望驱使他攻读博士学位，并在黑洞和宇宙论的研究上获得重大成就。他在十三四岁时就下定决心要从事物理学和天文学的研究。

1959年，17岁的霍金考到了自然科学的奖学金，顺利入读牛津大学。学士毕业后他转到剑桥大学攻读博士，研究宇宙学。1963年，他被诊断出患上了肌肉萎缩性侧索硬化症，即运动神经病。医生对此病束手无策，并认为他最多还能活两年。起初他打算放弃从事研究的理想，但后来病情恶化的速度减慢了，他便重拾心情，排除万难，从挫折中站起来，勇敢地面对这次的不幸，继续醉心研究。

23岁时，他取得了博士学位，留在剑桥大学进行研究工作。在此前后，伦敦伯碧克大学教授罗杰·彭罗斯在1960年代初开始发展奇点理论，引起剑桥大学的研究小组注意，霍金听完彭罗斯的研究后，回程途中向他的老师说："如果把彭罗斯的奇点理论，运用到整个宇宙会得到什么结果？"后来，他与彭罗斯合作发表论文，指出如果广义相对论是正确，宇宙大爆炸前必然有奇点存在，成为首篇重要文章。

1973年，霍金发现黑洞辐射的温度和其质量成反比，即黑洞会因为辐射而变小，但温度却会升高，最终会发生爆炸而消失。1974年3月1日，霍金结合了量子力学及广义相对论，在《自然》发表文章提出黑洞发出一种能量，最终导致黑洞蒸发。该能量被命名为霍金辐射，引起全球物理学家重视。霍金的新发现，被认为是多年来理论物理学最重要的进展。该论文被称为"物理学史上最深刻的论文之一"。

1974年以后，霍金的研究转向量子引力论。虽然人们还没有得到一个成功的理论，但它的一些特征已被发现。例如，空间—时间在普郎克尺度下不是平坦的，而是处于一种泡沫的状态。在量子引力中不存在纯态，因果性受到破坏，因此使不可知性从经典统计物理、量子统计物理提高到了量子引力的第三个层次。

《时间简史》

80年代，霍金开始研究量子宇宙论。这时他的行动已经出现问题，后来由于得了肺炎而接受穿气管手术，使他从此再不能说话。现在他全身瘫痪，要靠电动轮椅代替双脚，不但说话和写字要靠计算机和语言合成器帮忙，连阅读也要别人替他把每页纸摊平在桌上，让他驱动着轮椅逐页去看。

数年的研究，令他迅速蜚声学术界。1975年至1976年间，霍金先后获得伦敦皇家天文学会的埃丁顿勋章、梵蒂冈教皇科学学会十一世勋章、霍普金斯奖、美国丹尼欧海涅曼奖、马克斯韦奖和英国皇家学会的休斯勋章，1978年再获阿尔伯特·爱因斯坦奖。自1979年他被聘用为剑桥大学应用数学和理论物理学院的卢卡斯教授，牛顿于1663年亦曾出任这一荣誉职位。2006年11月底获英国皇家学会颁授科普利奖章，与爱因斯坦及达尔文齐名。

重要贡献

霍金一生贡献于理论物理学的研究，被誉为当今最杰出的科学家之一。他的著作包括《时间简史》及其续篇。虽然大家都觉得他非常不幸，但他在科学上的成就却是在他在病发后获得的。他凭着坚毅不屈的意志，战胜了疾病，创造了一个奇迹，也证明了残疾并非成功的障碍。他对生命的热爱和对科学研究的热诚，是值得后人们学习的。目前霍金的主要成有三个方面。

1. 奇性定理

爱因斯坦创立的广义相对论被科学界公认为最美丽的科学理论，但是1965—1970年间，霍金和彭罗斯一道证明了"奇点"，从而证明了广义相对论是不完备的。他们指出，如果广义相对论是普遍有效的，而宇宙间的物质分布满足非常一般的条件，那么宇宙时空中一定存在一些奇点，在奇点处经典物理的定律失效。

霍金和彭罗斯认为，大星燃烧耗尽会继续坍缩直至达到具有无限密度的奇点，这个奇点，引力场特别强大使得光线不能从围绕它的区域逃逸，而被引力场拉回去。这就叫做黑洞，黑洞的边界叫做时间视界，任何通过时间视界的东西掉进黑洞后都在奇点达到其事件的终结。他还证明了黑洞的面积定理，即随时间的增加黑洞的面积不变。霍金和彭罗斯的奇性定理表明了对引力的量子化是不可避免的。

2. 黑洞理论

人们知道，在经典引力论的框架里，黑洞只能吞噬物质，而不能吐出物质。黑洞的表面（视界）犹如地狱的入口，是一个有去无返的单向膜。霍金曾经证明视界的面积是非减的。1974年霍金发表了《黑洞在爆炸吗？》一文，这是20世纪引力物理学领域在爱因斯坦之后的最伟大论文。

在论文中，他把量子理论效应引进了黑洞研究，证明了从黑洞视界附近会蒸发出各种粒子，这种粒子的谱犹如来自黑体的辐射。随之黑洞质量降低，温度就会升高，最终导致黑洞的爆炸。在这被称为霍金辐射的场景中，量子理论、引力理论和统计物理得到了完美的统一。黑洞理论是科学史上非常罕见的例子，它首先在数学形式上被详尽地研究，后来才在天文学的许多观测上证实了它的普遍存在。现在，人们的共识是，每个星系的中心都是一颗极其巨大的黑洞。

3. 无边界宇宙理论

20世纪80年代初，霍金致力于将广义相对论和量子力学综合成一个统一的理论并创立了量子宇宙学的无边界学说。他认为，时空是有限而无界的，宇宙不但是自给的，而且是自足的，它不需要上帝在宇宙初始时的第一推动。宇宙的演化甚至创生都单独地由物理定律所决定。这样就把上帝从宇宙的事物中完全摒除出去。上帝便成了无所事事的"造物主"，它再也无力去创造奇迹。亚里士多德、奥古斯丁、牛顿等人曾在宇宙中为上帝杜撰的那个关于"第一推动"的

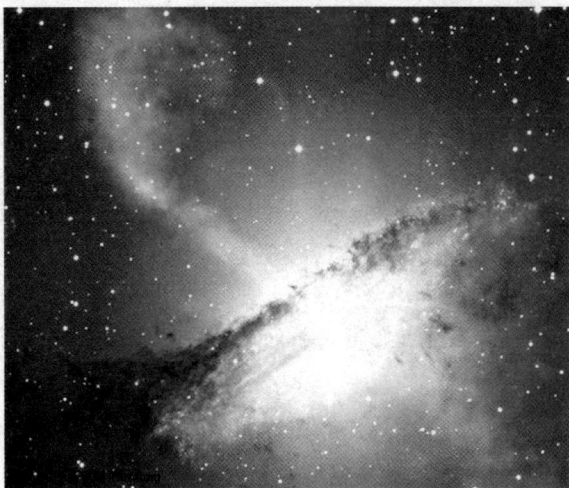

黑洞理论

神话，完全是虚幻的。量子宇宙学的主要预言之一是关于宇宙结构的起源，而宇宙背景辐射探测者对太空背景温度起伏的观察证实了这个预言。

　　对于奇性定理、黑洞面积定理、黑洞霍金辐射和无边界宇宙理论，一个人生前拥有其中的任何一项成就，就足以名垂不朽，而霍金却拥有了这些理论的全部。

科学家轶事

　　见过霍金的人是这样描写他的："干瘪抽搐的霍金无力地蜷曲在轮椅上，头向右歪着靠在椅背上，一张无法合拢的嘴似乎永远在天真地微笑，口水从右边的嘴角流到光洁的下巴上"，但"透过厚厚的近视镜片，霍金的眼睛是那么深邃，令人不由得想起他研究的黑洞、宇宙的起源等深奥的问题。"

　　霍金从来不忌讳谈自己的疾病，当别人问他怎么看待运动神经细胞病时，他总是因答："我根本不去想它。我尽可能地去过一种正常人的生活，不去想我自己的疾病，也不抱怨这种疾病让我无法去做一些事。"霍金甚至

拿自己的疾病开玩笑："我每天上床睡觉的时候开始想黑洞的问题，由于残疾，我的一个简单的上床动作要花费很多时间，这给了我充分的时间来想问题。"

经典语录

1. 当你面临着夭折的可能性，你就会意识到，生命是宝贵的，你有大量的事情要做。

2. 我注意过，即使是那些声称"一切都是命中注定的，而且我们无力改变"的人，在过马路前都会左右看。

3. 一个人如果身体有了残疾，绝不能让心灵也有残疾。

4. 生活是不公平的，不管你的境遇如何，你只能全力以赴。

5. 我的手指还能活动，我的大脑还能思维；我有终身追求的理想，我有我爱和爱我的亲人朋友；对了，我还有一颗感恩的心……

化学领域的伟大科学家

HUA XUE LING YU DE WEI DA KE XUE JIA

　　20世纪，化学学科受到人类日益增加的物质需求和科学技术迅猛发展的推动，不仅形成了完整的理论体系，而且在理论的指导下，为人类创造了丰富的物质。一方面，人们已经上升到分子的层次上认识和研究化学，并且对生物分子的结构与功能关系的研究促进了生命科学的发展。另一方面，化学工程工业已经深入到与化学相关的国计民生的各个领域，如粮食、能源、材料、医药、交通、国防以及人类的衣食住行用等。

居里夫人

Marie Curie

　　居里夫人，法籍波兰裔女科学家，原名玛丽·斯可罗多夫斯卡，因嫁给皮埃尔·居里而更名为玛丽·居里，世称居里夫人。在人类所发现的一百零几种元素中，她发现了两个，并首创放射学，为人类利用原子能开辟了道路。她是1903年诺贝尔物理奖获得者之一，1911年诺贝尔化学奖获得者。因此，她成为第一个获得诺贝尔奖的女性，是迄今为止唯一一个跨两个学科获得诺贝尔奖的科学家，唯一一个获得两次诺贝尔奖的女科学家，被认为是世界上最伟大的女性之一。为了纪念她，人们把96号元素命名为"锔"。

科学家档案

【中 文 名】玛丽·居里

【外 文 名】Marie Curie（法语）

【国　　籍】波兰、法国

【出 生 地】波兰华沙

【生卒日期】1867年11月7日～1934年7月4日

【毕业院校】巴黎大学

【主要成就】发现钋和镭两种天然放射性元素、提炼出金属镭

【代表著作】《我的信念》《论放射性》《放射性通论》《放射性物质的研究》《同位素及其组成》《放射学和战争》

人生足迹

1867年，玛丽出生于俄国沙皇侵略者统治下的波兰首都华沙。她在家里排行第五，上有三个姐姐和一个哥哥，母亲早亡，父亲是一位有着深沉爱国思想的中学教师。

1883年6月，玛丽以金奖毕业生的身份中学毕业。但当时的波兰大学不招女学生，女子若想读大学就得到外国去。但是当时的家境不允许她去读大学，她就开始做长期的家庭教师，同时还自修了各门功课，为将来的学业作准备。这样，直到1891年11月，她终于进入巴黎大学理学院物理系学习。

在巴黎，玛丽过着极其贫苦的生活，但是由于刻苦努力，成绩突出，1893年7月，她就以第一名的成绩获得了物理学学士学位，并从华沙方面获得"亚历山大奖学金"600卢布，解决了她的经济困难，得以继续在法国深造。

1894年初，玛丽接受了法兰西共和国国家实业促进委员会提出的关于各种钢铁的磁性科研项目。在完成这个科研项目的过程中，她结识了理化学校教师皮埃尔·居里，他是一位很有成就的青年科学家。1895年7月26日，玛丽与皮埃尔·居里在巴黎郊区梭镇结婚。

1896年8月，玛丽通过大学毕业生担任教师的职称考试。并得到理化学校校长舒曾伯格的支持，在该校物理实验室工作。1897年，居里夫人选定了自己的研究课题——对放射性物质进行研究。

1898年7月，居里夫妇发现了钋的放射性，并向科学院提交《论沥青铀矿中一种放射性新物质》，说明发现新的放射性元素84号，比铀强400倍，类似铋，居里夫人建议以她的祖国波兰的名字构造新元素的名称钋（Polonium）。从此居里夫妇密切合作，共同研究，建立最早的放射化学工作方法。同年12月，居里夫妇又发现新元素88号，放射性比铀强百万倍，命

居里夫妇在实验室

名为镭（Radium）。

1902年年底，居里夫人提炼出了0.1克极纯净的氯化镭，并准确地测定了它的原子量，发表论文《论镭的原子量》，从此镭的存在得到了证实。

1903年6月，居里夫人提出博士论文《放射性物质的研究》，获得理学博士学位。同年12月，瑞典科学院诺贝尔奖金委员会宣布把本年度诺贝尔物理学奖授予亨利·柏克勒尔和居里夫妇，以奖励前者发现天然放射性，后者对天然镭放射现象所进行的研究。

1906年，居里先生因车祸不幸去世，居里夫人承受着巨大的痛苦，却决心加倍努力，完成两个人共同的科学志愿。巴黎大学决定由居里夫人接替居里先生讲授物理课，居里夫人成为著名的巴黎大学有史以来第一位女教授。

1910年，居里夫人成功地分离出金属镭，分析出镭元素的各种性质，精确地测定了它的原子量，并完成了《放射性专论》一书。1911年12月，瑞典科学院诺贝尔奖金委员会宣布以本年度化学奖授予玛丽·居里，以奖励她发现镭、钋元素的化学性质，推进了化学研究。次年12月，论文《放射性的测量和镭的标准》发表于《物理学杂志》第二期。

1914年7月，巴黎建成了镭学研究院，居里夫人担任了学院的研究指导。不久"一战"爆发，居里夫人开始奔波于全国各地，指导各地X射线照相工作，配合战地救护。她为军队训练X光照相技术人员，为参战军医开办训练班，多次为卫生员开设辐射学速成课，教医生学会寻找人体中异物（例如：弹片）位置的新法。

1919年，"一战"结束，居里夫人重返镭学研究院，指导实验室工作，并接受各国选送来要求培养、各地私人团体以及个人请求指导的研究人员。

此后直至她去世，这个实验室总共提出报告483份，论文34篇，她亲自参加的研究有31项。

1934年7月4日，居里夫人因大半生接触放射性物质，患上恶性贫血而在法国阿尔卑斯山疗养院逝世，时年67岁。

居里夫人一生创造、发展了放射科学，长期无畏地研究强烈放射性物质，直至最后把生命贡献给了这门科学。但是对于自己的光辉一生，居里夫人只写下了这样寥寥数语"我出生在华沙，曾给家中的人们担任教师，成年之后，我同皮埃尔结婚，生养了两个女儿。平生的工作是在法国完成的。"

科学家爱因斯坦曾中肯而赞佩地评价居里夫人："在我认识的所有著名人物中，居里夫人是唯一一个不为盛名所颠倒的人。"在盛名之下，居里夫人具有谦逊的品质，这是伟人的品格。在创造伟大业绩的过程中，居里夫人表现出坚忍不拔、不畏艰辛的精神，在极端困难的条件创造了奇迹，更是可歌可泣！

重要贡献

居里夫人一生中对人类科学及和平事业作出了许多卓著的贡献，其中最显赫的要算放射性元素钋和镭的发现，及其对放射性所做的理论研究。

1896年，柏克勒尔发现放射性——物质自身在没有任何外部作用的情况下自发放射线的现象。这引起了居里夫人的强烈兴趣，她决心解开放射性的谜团，探究这种怪异射线的来源。

由于放射线刚被发现，这里还是个未经开发的园地。课题选定之后，玛丽凑足了设备，开始了实验。她从寻找铀以外的放射性物质着手，不久就验明了当时已知的元素钍也有放射性，这更增加了她的信心。她给铀、钍这类元素起了个名字叫放射性元素。

放射性元素迷住了她，她到处寻找矿石、灰渣等物质来检验。皮埃尔也帮她寻找，她在一种铀沥青矿中果然发现了极强的放射性。她怀疑自己搞错了，反复检验了20几次，结果还是一样的。根据在该矿中铀和钍含量的估计，远不足以产生如此强大的辐射。射线从何而来？解释只有一个，即矿石含有铀和钍之外的其他放射性元素。这个想法使玛丽振奋之极，她马上着手寻找这种新元素。当时她预计这种元素在矿石中放的含量不会超过百分之一。然而，进一步测定的结果又使她震惊之极——原来，新元素在矿石中的含量还不足百万分之一。这就大大增加了分离的难度。

经过反复的分离、淘汰，她发现，放射性仅仅存在于矿石的某些部分之中，主要集中在沥青铀矿中的两种不同的化学分馏部分之中，一个含有铋，另一个含有钡。1898年7月，她从矿石含铋的部分中，分离出一种新的放射性元素，它的化学性质与铋相似，放射性比纯铀强400倍，无疑她成功了。在这带来巨大喜悦的成功之际，她想起了自己无限热爱的灾难深重的祖国。于是她以祖国"波兰"的字首将新元素命名为Polonium，元素符号为Po，汉语译作"钋"。

发现钋之后，皮埃尔毅然放下自己的结晶体研究项目来协助玛丽工作。在1898年圣诞节后的第二天，他们宣布，又发现了另一种新的元素。他们把它叫作"镭"（意即放射）。但是这个惊人的发现，很多人不相信，理由是从未见过真正的钋和镭。

居里夫妇当机立断，决定提取纯镭和纯钋。由于钋比镭不稳定得多，他们决定首先分离镭。这必须要炼制巨量的原矿，而沥青铀矿又是一种十分贵重的矿，居里夫妇根本就买不起。如何解决这个难题呢？

他们想到假如这个新元素存在于沥青铀矿石中，但又不同于铀，那么在提取铀之后的残渣中可能含有钋和镭。当时这种残渣几乎是一钱不值的，只需要付出比运输费略高一点的代价。于是，他们开始订购成吨的"垃圾"——沥青铀矿渣。使他俩意料不到的是，奥地利政府决定赠给他们1000千克矿渣，但要他们自己支付运输费，这正是他们十分情愿的。

原料的问题解决了，实验的场所又是个难题。要提炼大量矿石，小实验室是不行的。在皮埃尔帮助下，玛丽征得校方同意，把理化学校的一间工作室改为实验室。这间所谓工作室，实际上是一间很旧的棚屋。有位记者描述实验室的景象："竟是一所既类似马厩，又像是马铃薯窖那般简陋的棚屋。若不是在工作台上看到一些化学仪器，我真会想到这是一件天大的恶作剧呢。"可就是在这样的棚屋里，居里夫妇进行着跨世纪的伟大实验。

实验室改好之后，大量用粗布袋子装的矿渣被运到理化学校那间被人遗忘的小棚子前。从此，他们夫妇就一铲一铲地将"垃圾"投入一口大锅中，玛丽用几乎和她身高一样长的铁条搅拌着沸腾的原料，浓烟熏得她直流泪水。他俩夜以继日地搅拌、煮熬、沉淀、提纯、分析，日复一日地工作，心中只有一个念头——从这种金属的熊熊烈火中把新元素的秘密发掘出来。

玛丽回忆当年的工作时，这样写道："我每一次炼制20千克左右的材料，结果使整个棚屋塞满了装溶液和沉淀渣滓的大罐子。我搬挪容器，倒出溶液，在铁锅边一连几小时地搅拌

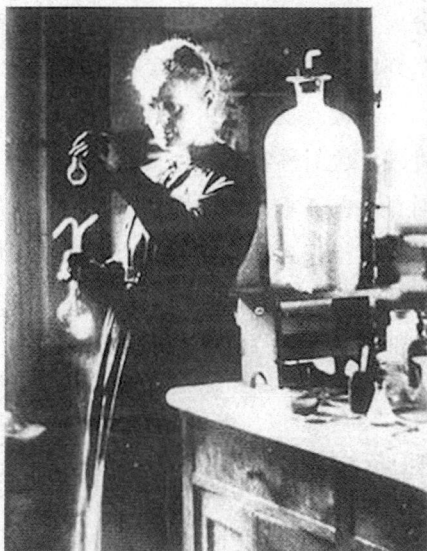

正在做实验的居里夫人

溶浆，可真不是件容易事。"她又写道："尽管工作条件是艰苦的，但是我们都觉得很幸福。我们在实验室里度过光阴。那可怜的棚屋里十分寂静。有时候守候某一项试验，我们就在棚屋里来回踱步，谈论着我们现在和今后的工作。我们感到冷的时候，就在炉旁喝一杯热茶，就又舒服了。我们在一种特殊的景况中过日子，像是在梦里过日子一样。"

从1898年到1902年，从19世纪干到20世纪，在居里夫妇宣布发现了镭以后，他们又以喜悦的心情告诉人们——他们已经提炼出0.1克镭盐（氯化镭）。

后来，玛丽在谈到这段岁月的时候，总是有一份伤感和遗憾。"要是我们有一个好的实验室和所需要的全部材料和设备的话，我和皮埃尔在一年里就可以做完四年的工作。在那个借来的，缺少必需的仪器，破烂不堪的实验室里，把我们搞得精疲力尽。最伤感的是，延误了我们获得成功的时间。"

1906年4月6日，居里先生因车祸身亡。受到致命打击的玛丽化悲痛为力量，想到科学事业的需要，她又坚强地挺立起来。居里夫人为了得到一克纯净的金属镭，又对自己提出一个目标，一定要得到金属镭，她不满足于镭的化合物。经过了一备艰苦的努力，她日夜奋战在实验室里，试验了各种化学

分离方法，最后，在1910年用电解法制得镭和汞的化合物，然后把它放在石英管里加热，待汞蒸汽挥发后，剩下的就是纯净的金属镭了。

镭被发现后，由于其更强的放射性，引起了世界的瞩目。科学家们很快发现了放射性物质的许多新用途，尤其是在医疗上用来消杀肿瘤等作用。这时，一些资本家提出愿意以高价从居里夫人那里购买镭的生产权，被她拒绝了。居里夫人向全世界公布了镭的提炼方法，她说，镭是一种天然元素，它是属于全人类的，任何人都不应该由于镭牟利。后来她还向镭研究部门和医疗部门赠送过价值百万元以上的镭。

科学家轶事

居里夫人闻名天下，她一生获得包括诺贝尔奖等在内的10次著名奖金，得到国际高级学术机构颁发的奖章16枚；世界各国政府和科研机构授予她的各种头衔、各种荣誉称号，如大约56个会员，2个会长，19个院士，1个院长，20个博士，1个教授，3个荣誉市民等，但她对这些却全不在意。

有一天，她的一位朋友来她家做客，忽然看见她的小女儿正在玩英国皇家学会刚刚颁发给她的金质奖章，于是惊讶地说："居里夫人，得到一枚英国皇家学会的奖章，是极高的荣誉，你怎么能给孩子玩呢？"居里夫人笑了笑说："我是想让孩子从小就知道，荣誉就像玩具，只能玩玩而已，绝不能看得太重，否则就将一事无成。"

经典语录

1. 我们应有恒心，尤其要有自信心！我们必须相信，我们的天赋是要用来做某种事情的。

2. 弱者坐待时机，强者制造时机。

3. 如果能随理想而生活，本着正直自由的精神，勇敢直前的毅力，诚实不自欺的思想而行，一定能臻于至美至善的境地。

4. 我们应该不虚度一生，应该能够说"我已经做了我能做的事"，人们只能要求我们如此，而且只有这样我们才能有一点快乐。

5. 人必须要有耐心，特别是要有信心。

6. 我们不得不饮食、睡觉、阅读、恋爱，也就是说，我们不得不接触生活中最甜蜜的事情，不过我们必须不屈服于这些事物。

哈伯

Fritz Haber

哈伯，德国物理化学家，电化学奠基人。一生从事有机化学、物理化学和工业化学的研究，并将化学理论应用于化学工业生产，取得卓越成就，为人类文明的发展进步作出了贡献；但是他利用自己的化学专长，助纣为虐，成为"一战"时期毒气战的"始作俑者"，令成千上万生灵涂炭。但从科学的角度来说，哈伯发明的人工合成氨的方法，也造福了这个人类，因此，他获得了1918年度诺贝尔化学奖。

科学家档案

【中 文 名】弗里茨·哈伯

【外 文 名】Fritz Haber

【国　　籍】德国

【出 生 地】德国布雷斯劳

【生卒日期】1868年12月9日～1934年1月29日

【毕业院校】卡尔斯鲁厄工业大学

【主要成就】人工合成氨
【代表著作】《工业气体反应热力学》《工业电化学的理论基础》

人生足迹

1868年12月9日，哈伯出生在德国边陲城市布雷斯劳一个经营天然染料的犹太富商家中。他出世后不久，母亲就病逝了。他的父亲对这个失去母爱的孩子格外疼爱，经常给他讲德国著名化学家如何献身化学事业的故事。因此，哈伯从小就对化学产生了浓厚的兴趣。

哈伯从家乡的国民小学和圣伊丽莎白中学毕业后，在卡尔斯鲁厄工业大学攻读有机化学，接着又先后在柏林大学、海德堡大学和夏洛藤堡工业学院师从一些当时颇有名气的化学家学习。由于天资聪颖，再加上勤奋努力，哈伯各科成绩优异。大学毕业两年后，在柏林大学霍夫曼教授的指导下，他撰写了一篇关于有机化学的论文引起了德国化学界的轰动，并因此获得博士学位。德国皇家工业科学院破格授予他化学博士学位，当时他年仅23岁，是全院最年轻的博士。

1894年，哈伯进入著名的卡尔斯鲁厄工程学院担任助教，后于1906年升任化学教授。1901年，他与早年相爱的勃内斯大学博士、化学家克拉拉·伊梅瓦尔小姐结为伉俪。1904年，哈伯在两位企业家给予大力支持下开始研究合成氨的工业化生产，并于1909年获得成功，成为第一个从空气中制造出氨的科学家。使人类从此摆脱了依靠天然氮肥的被动局面，加速了世界农业的发展。哈伯也从此成了世界闻名的大科学家。为表彰哈伯的这一贡献，瑞典科学院把1918年的诺贝尔化学奖颁给了哈伯。

1911年，哈伯改任在柏林近郊的威廉物理化学及电化学研究所所长，同时兼任柏林大学教授。1914年第一次世界大战爆发，民族沙文主义所煽起的盲目的爱国热情将哈伯深深地卷入战争的旋涡。他错误地认为，毒气进攻乃是一种结束战争、缩短战争时间的好办法，从而担任了大战中德国施行毒气战的科学负责人。他负责研制、生产氯气、芥子气等毒气，并使之用于战争之中，造成近百万人伤亡。虽然按照他自己的说法，这是"为了尽早结束战

第一次世界大战中因受芥子气袭击而失明的英国士兵

争"，但哈伯这一行径，仍然遭到了美、英、法、中等国科学家们的谴责，他的妻子克拉拉也以自杀的方式以示抗议。

"一战"结束后，通过对战争的反省，哈伯把全部精力都投入到科学研究中。在他卓有成效的领导下，威廉物理化学研究所成为世界上化学研究的学术中心之一。根据多年科研工作的经验，他特别注意为他的同事们创造一个毫无偏见、并能独立进行研究的环境，在研究中他又强调理论研究和应用研究相结合。从而使他的研究所成为第一流的科研单位，培养出众多高水平的研究人员。

为了改变大战中给人们留下的不光彩印象，他积极致力于加强各国科研机构的联系和各国科学家的友好往来。他的实验室里将近有一半成员来自世界各国。友好的接待，热情的指导，不仅得到了科学界对他的谅解，同时使他的威望日益增高。然而，悲剧再次降落在他身上。1933年希特勒篡夺了德国的政权，建立了法西斯统治后，开始推行以消灭"犹太科学"为己任的所谓"雅利安科学"的闹剧，尽管哈伯是著名的科学家，但是因为他是犹太人，他和其他犹太人同样遭到残酷的迫害。

法西斯当局命令在科学和教育部门解雇一切犹太人。弗里茨·哈伯这个伟大的化学家被改名为"Jew·哈伯"，即犹太人哈伯。他所领导的威廉研究所也被改组。不久，哈伯被迫离开了他热诚服务几十年的祖国，流落他乡。首先他应英国剑桥大学的邀请，到鲍波实验室工作。4个月后，以色列的希夫研究所聘任他到那里领导物理化学的研究工作。但是在去希夫研究所的途中，哈伯的心脏病发作，于1934年1月29日在瑞士巴塞尔逝世，享年66岁。

1935年，在哈伯逝世一周年的时候，德国多个著名学会，在普朗克的领导下，举行了纪念会，五百多位学者不顾纳粹分子的反对，冒着危险，聚集在达荷姆缅怀哈伯的功绩，历史会永远记下哈伯的成就、是非和无奈。

重要贡献

在化学工业发展的早期，还没有化学肥料。19世纪以前，农业上所需要的肥料主要来自有机物的副产品，如粪便、河泥、骨粉及屠宰场的下脚料等。1840年，德国化学家李比希提出了合成肥料理论。1842年英国建立了最早的化学肥料工厂，开始进行过磷酸钙肥料的生产。19世纪后期，由于炼焦工业的兴起，其副产品硫铵及氨水与产自智利的硝酸钠一起成为氮肥的主要来源。

1902年，哈伯对用氢气和氮气直接合成氨开始进行研究。他和他的学生以及同事们进行了成千上万次实验。1904年，他曾在常压和1000℃条件下将氢气和氮气通过铁粉催化剂，制得0.012%（容积）的氨产物。尽管产物中氨的浓度太低，缺乏经济效益，但他却没有气馁。他汲取了其他科学家的经验教训，开始在高温高压下进行实验。1908年，他总结出一种新的氨合成法：在200个大气压、600℃高温下，采用锇为催化剂，结果获得了浓度为8%的氨。这一具有实用价值的成果，使得合成氨跨出实验室，实现工业化成为可能。

哈伯并未就此止步。他冒着危险，继续攻关，成功地解决了实际投产的问题。他所发明的这一流程立即为德国巴登苯胺纯碱公司所接受和采用。另有几位科学家相继解决了高压容器、机械及催化剂等方面的技术难题。1913年9月，世界上第一个合成氨工厂建成投产，日产合成氨30000千克。

合成氨大规模投产揭开了人类科学史上重要的一页。它使人类摆脱了依靠天然氮肥的被动局面，使农业生产发生了根本的变革，为遭受饥饿困扰的人们带来了福音；同时，合成氨技术也大大推动了与其相关的科学和技术的发展，例如高压和超高压技术、高温技术、催化技术、煤化工、石油化工技

在中国包头的合成氨装置

术等等。从这一点上来说，哈伯开拓了化学的新时代。

科学家轶事

"一战"后，哈伯带着沉重的心情，开始重建他的研究所。此时，他完全是一个幻想破灭、精神彻底崩溃的人。德国的战败，使他精神不堪重负；因研制化学武器，受到广泛指责，他的心情沮丧到了极点；而且，他的健康由于战争期间紧张和超负荷工作，受到极大的损害。但是，他的不屈不挠、毫不气馁的精神，不久又使他慢慢振作起来，逐渐有了一些往日的活力和激情。

在重建研究所的过程中，他强烈地认识到，应该将战争期间获得的广泛的科学知识，用于造福人类。他的研究所，除了物理化学、物理学、胶体化学等研究部门，又组建了有机化学、药物学、虫害学、纺织化学等部门。早在卡尔斯鲁厄初期，哈伯就重视学术讨论会，而两周一次的学术讨论会成了研究所生活的重要组成部分。它影响很大，参会者不仅有柏林的化学家和物理学家，还有来自德国偏远地区的科学家，甚至国外的学者。在讨论会中，哈伯具有超乎常人的敏锐的洞察力，能迅速准确地抓住问题的本质，从而将

讨论引向最有利的方向。

哈伯研究所逐渐成为"一战"后世界上最大的研究中心。在他的领导下，各研究部门密切合作。在原子物理学、光谱学和胶体化学等领域，取得了重要成就。哈伯本人也在化学反应机理和光化学反应机理等新领域，取得进展。但是，哈伯研究所的重要性，远远超过了他本人的研究成果。1912—1933年，他的研究所共发表700多篇原始研究论文。60多名成员中，差不多一半是外国人，他们和哈伯建立了深厚的友谊。

经典语录

1. 青年力量所表现的本能是反对另外的青年力量或者有选择地和他们结合。因为各种思想都具有吸引力。它们先是犹疑，探索尝试在两三个目标间徘徊，然后作出决断，并互相选择朋友。

2. 我们只崇敬真理，自由的、无限的、不分国界的真理，毫无种族歧视或偏见的真理。

3. 四十多年来，我一直是以知识和品德为标准去选择我的合作者，而不是考虑他们的国籍和民族，在我的余生，要我改变认为是如此完好的方法，则是我无法做到的。

施陶丁格

Hermann Staudinger

　　施陶丁格，德国有机化学家，高分子化学的创立者，1953年度诺贝尔化学奖得主。他提出的聚合物结构理论，以及对生物大分子的研究，为高分子化学、材料科学和生物科学的现代发展，奠定了基础，同时促进了塑料工业的迅速成长。

科学家档案

【中 文 名】赫尔曼·施陶丁格

【外 文 名】Hermann Staudinger

【国　　籍】德国

【出 生 地】德国沃尔姆斯

【生卒日期】1881年3月23日～1965年9月8日

【毕业院校】哈雷大学

【主要成就】创立高分子化学

【代表著作】《不饱和化合物丙二酸酯》《高分子有机化合物》《高分子有机化合物：橡胶和纤维素》《高分子化学、物理与技术进展》《高分子化学》《高分子化学与生物学》《乙烯酮》《有机胶体化学》

人生足迹

1881年3月23日，施陶丁格生于德国沃尔姆斯。1898年在达姆施塔特技术大学学习。青年时他对植物很有兴趣。他父亲让他先学化学，为学植物学打基础。于是施陶丁格先后在慕尼黑大学和哈勒大学学习与化学有关的课程。他读书十分刻苦，1903年他撰写了《不饱和化合物丙二酸酯》的论文，并获博士学位。

1907年，施陶丁格担任了卡尔鲁斯厄工学院的有机化学教授。1910年，施陶丁格开始研究生物小分子。他与鲁茨卡合作，成功地分离出马提亚人使用的杀虫粉除虫菊的有效成分。这种除虫菊杀虫剂，是用菊花粉通过石油醚提取制成的粉末。他们测定出除虫菊素的化学结构。施陶丁格曾尝试制造合成的除虫菊酯，但没能成功。在当时，便宜畅销的杀虫剂，主要是六氯乙烷、二氯苯及稍后的DDT，这些东西全被淘汰了。而除虫菊酯是非常有效的杀虫剂，今天仍受到广泛的关注。施陶丁格的研究成果，为现代除虫菊酯杀虫剂的发展，打下了坚实的基础。

施陶丁格在小分子化学领域，取得了丰硕的成果，共发表研究论文215篇，获专利51项。1920年左右，施陶丁格开始对大分子化合物，尤其是聚甲醛、橡胶和聚苯乙烯的研究。在极短的时间内，他作为从事小分子有机化学研究的化学家，获得了令人瞩目的国际声誉。

1926年，他为了有更充裕的时间，进行更多的实验来验证他的大分子理论，他应聘来到布莱斯高的弗赖堡专心从事科学研究。他在弗赖堡度过了他的后半生，许多重要的科研成果都是在这里完成的。1940年，他改任弗赖堡大学高分子化学研究所所长，与化学家路茨卡合作测定出农药除虫菊的主要化学成分及其化学结构；与赖茵施泰因合作，测定了糠基疏醇的化学结构，用实验证明低分子物质聚合成高分子物质，导致了高分子理论的产生。

施陶丁格在实验室

施陶丁格在高分子科学研究中取得成功之后，他开始按照早年的设想，将研究的重点逐步转入植物学领域。事实上，他选择高分子课题时，就曾考虑到它与植物学的密切关系。在1926年他就预言大分子化合物在有生命的有机体中，特别是蛋白质之类化合物中起重要的作用。他顺理成章地将大分子的概念引入生物化学并和他的妻子——植物生理学家玛格达·福特合作研究大分子与植物生理。

1947年，施陶丁格出版了著作《大分子化学及生物学》。在这一著作中，它尝试地描绘了分子生物学的概貌，为分子生物学这一前沿学科的建立和发展奠定了基础。他晚年的兴趣主要在分子生物学的研究，由于年事已高，成果不多，但是培养了许多高分子研究方面的人才。1965年9月8日，施陶丁格安然去世，享年84岁。

重要贡献

施陶丁格的研究领域跨界较广，从小分子化学到高分子化学，再到生物学，他提出了自己的见解，并最终得到认可，其中比较重要的就是高分子化学的创立。他在高分子化学方面的许多成果，对植物学和生物学领域都产生重大影响，他一直在不断地探索化学和植物学、生物学之间的联系。

1932年，施陶丁格总结了自己的大分子理论，出版了划时代的巨著《高分子有机化合物》成为高分子科学诞生的标志。认清了高分子的面目，合成高分子的研究就有了明确的方向，从此新的高分子被大量合成，高分子合成工业获得了迅速的发展。直到今天，施陶丁格的理论，还在不断地刺激着现代科学和技术的进步，他的高聚物"分子设计"思想，仍是研制新结构、新功能高分子材料的重要基础和指南。

　　施陶丁格的大分子概念，最终为化学家所接受。他对聚合物的性质、聚合物的合成法、结构分析、聚合机理和聚合物的分析化学，进行了广泛的研究。在高分子化学领域，共发表论文640余篇。他的基础研究，对高分子工业的发展产生了重大的影响。为了表彰施陶丁格在建立高分子科学上作出的伟大贡献，1953年他被授予诺贝尔化学奖。

科学家轶事

　　为了促进大分子化学和聚合物科学新领域的发展，施陶丁格费尽心血。

　　1940年，他在弗赖堡大学创立高分子化学研究所，它是欧洲第一个完全致力于聚合物研究的科研机构。1943年，他创办第一份聚合物期刊《高分子化学学报》，为这一新领域的研究者搭建了交流研究成果的平台，"二战"后，更名为《高分子化学》，最后改名为《高分子化学与物理》。

　　1950年，施陶丁格举办有学术界和工业界的科学家参加的高分子学术讨论会，今天的"施陶丁格高分子讨论会"仍然是德国最大的学术年会，每年吸引600～700名与会者。

经典语录

　　1. 科学上的每一个难点，都要一鼓作气地研究下去。只有达到一个新的阶段才能释手。半途而废，以后再来，就会浪费很多时间。要记住，人的一生可以支配的时间是很少很少的。

　　2. 未来总留着什么给对它抱有信心的人。

鲍林

Linus Carl Pauling

　　鲍林，著名美籍量子化学家，量子化学的开创者，在化学的多个领域都有过重大贡献。首次描述了化学键的本质；发现了蛋白质的结构；揭示了镰状细胞贫血症的病因；推进了互射线结晶学、电子衍射学、量子力学、生物化学、分子精神病学、核物理学、麻醉学、免疫学以及营养学等学科的发展。曾荣获1954年诺贝尔化学奖，1962年诺贝尔和平奖，有很高的国际声誉。

科学家档案

【中 文 名】莱纳斯·卡尔·鲍林

【外 文 名】Linus Carl Pauling

【国　　籍】美国

【出 生 地】美国俄勒冈

【生卒日期】1901年2月28日～1994年8月19日

【毕业院校】俄勒冈农学院、加州理工学院

【主要成就】价键理论、电负性、共振论、蛋白质的二级结构

【代表著作】《化学键的本质》《量子力学导论》

人生足迹

1901年2月28日，鲍林出生在美国俄勒冈的一个小镇。他自幼聪慧超群，博览群书，被誉为科学奇才。16岁时就近进入俄勒冈农学院学习化学。大学毕业后又赴加州理工学院深造，迅速掌握了具有革命性的X射线晶体衍射技术，进行创造性工作，1925年获博士学位。

1926年，鲍林赴欧洲研究将量子力学应用于化学，师从索末菲、玻恩和海森伯。1927年回国，从事化学键本质的研究，创立了杂化键轨道理论和共振论，把经典的化学理论与量子力学相结合，从而改写了20世纪的化学。1931年成为加州理工学院最年轻的教授，1933年入选美国科学院，也是该院历史上最年轻的院士。

1934年开始，鲍林把结构化学应用于生物学；在抗原和抗体蛋白质结构的研究上，把抗体生成的直接模板学说发展得更加完善。在40年代，鲍林在生物学上作出了两项重大的贡献：一是与科里阐明了蛋白质的α螺旋结构；二是证明镰状细胞贫血是由于血红蛋白的变异，说明人的遗传性疾病是由于突变基因表达所产生的异常蛋白质，首先提出分子疾病的概念。

1957年英格拉姆证明，镰状细胞血红蛋白（HbS）是由于血红蛋白中的谷氨酸被缬氨酸所取代。1960年代初期，朱克坎德和鲍林提出，通过比较不同物种的同源蛋白质来确定不同物种的亲缘关系。这种方法已被普遍使用，成为确定不同物种的亲缘关系最重要的方法之一。

1954年，鲍林因阐明了化学键的本质和分子结构的基本原理获诺贝尔化学奖。根据诺贝尔的遗嘱，他的奖只授予单项重大发现的科学家，而不适合于作出一批重要研究成果者。鲍林获奖首次突破了这条原则。

鲍林是"主张自由表达信仰的理想主义者"和激进的社会活动家。他直言不讳、话语尖刻，坚持己见，决不退让。"二战"结束后，他积极参与开展反战活动，坚决反对"以任何形式的战争作为解决国际冲突的手段"，奔

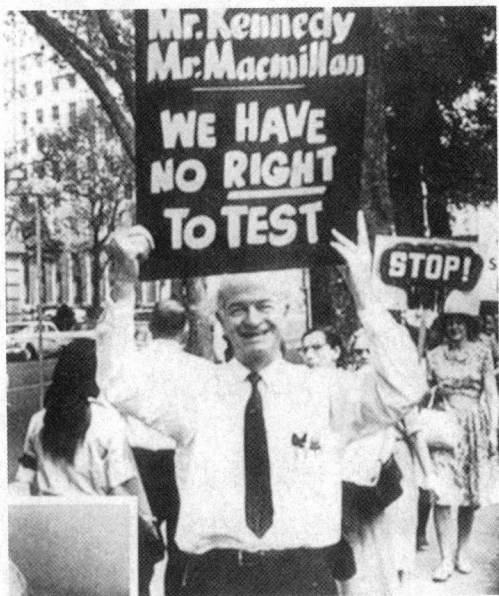
鲍林高举反对核武器的牌子

走世界各地，唤起社会大众对核污染威胁的关注，不遗余力地反对核试验，致力于世界和平事业。

1958年1月，他向联合国秘书长递交了由他起草并征得49个国家的11000多位科学家签名的《科学家反对核武器试验宣言》，要求缔结一项停止核武器试验的国际协定。1963年10月10日，美苏签署《部分禁止核试验条约》之日，诺贝尔委员会宣布把1962年诺贝尔和平奖授予这位坚持不渝的反核斗士。

1994年8月19日，鲍林以93岁高龄在加利福尼亚州的家中逝世。鲍林是迄今仅有的两度单独获得诺贝尔奖桂冠的人。由于他对化学与和平运动的贡献，他获得的荣誉博士学位和奖项不胜枚举。被英国《新科学家》周刊评为人类有史以来20位最杰出的科学家之一，与牛顿、居里夫人及爱因斯坦齐名。

重要贡献

鲍林极富个性和创新精神，对化学的研究涉及面很广，不断开拓边缘学科，在化学的许多领域卓有建树。

1. 价键理论

鲍林从20世纪30年代开始致力于化学键的研究，1931年2月发表价键理论，此后陆续发表相关论文，1939年出版了在化学史上有划时代意义的《化学键的本质》一书。这部书彻底改变了人们对化学键的认识，将其从直观的、臆想的概念升华为定量的和理性的高度，在该书出版后不到三十年内，被数次引用，至今仍有许多高水平学术论文引用该书观点。由于在化学键本质以及复杂化合物物质结构阐释方面杰出的贡献，鲍林获得了1954年诺贝尔化学奖。

鲍林对化学键本质的研究，引申出了广泛使用的杂化轨道概念。杂化轨道理论认为，在形成化学键的过程中，原子轨道自身回重新组合，形成杂化轨道，以获得最佳的成键效果。根据杂化轨道理论，饱和碳原子的四个价层电子轨道，即一个2S轨道和三个2P轨道喺线性组合成四个完全对等的sp3杂化轨道，量子力学计算显示这四个杂化轨道在空间上形成正四面体，从而成功的解释了碳的正四面体结构。

2. 电负性

鲍林在研究化学键键能的过程中发现，对于同核双原子分子，化学键的键能会随着原子序数的变化而发生变化，为了半定量或定性描述各种化学键的键能以及其变化趋势，1932年，鲍林提出了用以描述原子核对电子吸引能力的电负性概念，并且提出了定量衡量原子电负性的计算公式。电负性这一概念简单、直观、物理意义明确并且不失准确性，至今仍广泛应用，是描述元素化学性质的重要指标之一。

3. 共振论

为了求解复杂分子体系化学键的薛定谔方程，鲍林使用了变分法。在原子核位置不变的前提下，提出体系所有可能的化学键结构，写出每个结构所对应的波函数，将体系真实的波函数表示为所有可能结构波函数的线性组合，经过变分法处理后，得到体系总能量最低的波函数形式。

这样，体系的化学键结构就表示成为若干种不同结构的杂化体，为了形象地解释这种计算结果的物理意义，鲍林提出共振论，即体系的真实电子状态是介于这些可能状态之间的一种状态，分子是在不同化学键结构之间共振的。鲍林将共振论用于对苯分子结构的解释获得成功，使得共振论成为有机化学结构基本理论之一。

虽然在量子化学领域，随着分子轨道理论的出现和发展，鲍林的化学键理论由于处理上起来烦琐而复杂而逐渐较少使用了，但是在有机化学领域，共振论仍是解释物质结构，尤其是共轭体系电子结构的有力工具。

4. 蛋白质的二级结构

1930年代中期，鲍林对生物大分子结构研究产生了兴趣。他在生物大分子领域最初的工作是对血红蛋白结构的确定，并且通过实验首先证实，在得氧和失氧状态下，血红蛋白的结构是不同的。

为了进一步精确测定蛋白质结构，鲍林首先想到他早期从事的X-射线衍射晶体结构测试的方法，他将这种方法引入到蛋白质结构测定中来，并且推导了经衍射图谱计算蛋白质中重原子坐标的公式。至今通过蛋白质结晶，进行X-射线衍射实验仍然是测定蛋白质三级结构的主要方法，人类已知结构的绝大部分蛋白质都是经由这种方法测定获得的。

结合血红蛋白的晶体衍射图谱，鲍林提出蛋白质中的肽链在空间中是呈螺旋形排列的，这就是最早的 α 螺旋结构模型，有科学史学者认为沃森和克里克提出的DNA双螺旋结构模型就是受到了鲍林的影响，而鲍林之所以没有提出双螺旋，是因为他在1950年代受到美国麦卡锡主义的影响，错过了一次在英国举行的学术会议，没有能够看到一幅重要的DNA晶体衍射图谱。

1951年鲍林结合他在血红蛋白进行的实验研究，以及对肽链和肽平面化学结构的理论研究，提出了 α 螺旋和 β 折叠是蛋白质二级结构的基本构建单元的理论。这一理论成为20世纪生物化学若干基本理论之一，影响深远。此外，鲍林还提出了酶催化反应的机理、抗原与抗体结构互补性原理以及DNA复制过程中的互补性原理，这些理论在20世纪的生物化学和医学领域都扮演了非常重要的角色。

科学家轶事

对待学生和博士后研究者，鲍林从来都不会采取护着他们走路的方法。他不主张为他们规定好每一步，甚至也不会给他们指出具体的方向——"在这样一种环境里，一个人要么沉入水底，要么就自己独立地游向彼岸，"有一位学生回忆着说。

不过，随着鲍林的名声日渐增大，他和学生为数不多的几次接触也渐渐染上了佛学大师传统布道的色彩。亚历山大·里奇是一个刚取得了硕士学位的学生，他在鲍林的实验室里工作，希望尝试着做一点科学研究，但迟迟定不下具体的项目：他起先是作镰状细胞的研究，后来又一下子跳到碳键连接这一个理论课题上。怎么也激发不了他的想象力。他心里很焦急，吃不准到底做什么事为好。

1950年的一个晚上，他走进鲍林的书斋，两个人谈论起一般科学的问题，并没有触及具体的内容。此时，鲍林顺手取出一本有人刚刚寄给他的一本书。那是英国皇家学会关于量子化学的一次会议发表的论文集，其中除了里奇一直在埋头进行的理论计算外，没有什么其他的内容。鲍林将这本书翻了一下，随手就将它丢下了。"毫无价值，"他说道，"一堆垃圾。"里奇问是什么原因，他答道："唉，我在30年代就曾苦苦追求，希望能找到精确的解，把这些方程解出，从而得到答案。我解不出来。从那时起，人们开始使用各种各样的近似方法，尝试着求解一个又一个问题。近似方法层出不穷，这与用鞭子抽打死马没有什么两样。"

那天，里奇一直到开车下山之后，才意识到鲍林是在谈论他的未来。"既然莱纳斯也无法求解这些问题，"他对自己说道，"为什么我认为自己比他能做得更好呢？"就是这次旁敲侧击的谈论，促使里奇决定钻研X射线晶体学。也正是专业方向的这一改变，为他在麻省理工学院取得这一方面的卓越成就创造了条件。

经典语录

1. 量子力学对化学的贡献一向是提出新的概念。
2. 化学结构理论主要就是化学的理论。
3. 最佳营养学是未来的良药。
4. 一个能思想的人，才是一个力量无边的人。

伍德沃德

Robert Burns Woodward

　　伍德沃德，现代有机合成之父，1965年诺贝尔化学奖得主，是20世纪在合成化学和理论化学两方面都取得划时代成果的科学家。在人工合成奎宁、人工合成类固醇、人工合成叶绿素等方面都有卓越的成果。他提出的分子轨道对称守恒原理（伍德沃德—霍夫曼规则），是有机化学中最重要的理论之一。

科学家档案

【中 文 名】罗伯特·伯恩斯·伍德沃德

【外 文 名】Robert Burns Woodward

【国　　籍】澳大利亚

【出 生 地】美国波士顿

【生卒日期】1917年4月10日～1979年6月8日

【毕业院校】麻省理工学院

【主要成就】人工合成胆固醇、叶绿素、维生素B_{12}等天然有机化合物、伍德沃德—霍夫曼规则

人生足迹

1917年4月10日，伍德沃德生于美国马萨诸塞州波士顿。他从小喜读书，善思考，学习成绩优异。1933年夏，只有16岁的伍德沃德就以优异的成绩，考入美国的著名大学麻省理工学院，对化学产生浓厚的兴趣。在全班学生中，他是年龄最小的一个，素有"神童"之称，学校为了培养他，为他一人单独安排了许多课程。他聪颖过人，只用了3年时间就学完了大学的全部课程，并以出色的成绩获得了学士学位。

1936年，伍德沃德获学士学位后，直接攻取博士学位，只用了一年的时间，学完了博士生的所有课程，通过论文答辩获博士学位，时年仅20岁。从学士到博士，普通人往往需要6年左右的时间，而伍德沃德只用了一年，这在他同龄人中是最快的。

获得博士学位以后，伍德沃德在哈佛大学执教，1950年被聘为教授，终生在该校任教。1963年兼任巴塞尔大学伍德沃德研究所所长。他教学极为严谨，且有很强的吸引力，特别重视化学演示实验，着重训练学生的实验技巧，他培养的学生，许多人成了化学界的知名人士，其中包括获得1981年诺贝尔化学奖的美国化学家霍夫曼。

伍德沃德一生主要从事天然有机化合物生物碱和甾族化合物结构与合成的研究。1940—1942年间，先后发表多篇论文，形象地描述了紫外光谱和分子结构之间的关系。证实了揭示物质结构，利用物理方法比化学方法更有利，并由此引出了伍德沃德准则。1945—1947年间，伍德沃德测定了青霉素、土霉素、士的宁等12种天然有机化合物的结构。

1944—1975年间，他合成了奎宁、胆固醇、肾上腺皮质激素可的松和利血平、叶绿素、羊毛甾醇、维生素B_{12}等20余种复杂有机化合物，并用于生产，具有现代合成化学的最高水平。

因此，伍德沃德被尊称为"现代有机合成之父"。伍德沃德还善于从实

践中总结并提高理论，在大量合成研究过程中，他观察到分子轨道对称性，而且对反应的难易和产物的构型起决定作用。由此，他于1965年与量子化学专家霍夫曼合作提出了分子轨道对称性守恒原理，通常称为伍德沃德—霍夫曼规则。

伍德沃德在化学上的出色成就，使他名扬全球。1963年，瑞士人集资，办了一所化学研究所，此研究所就以伍德沃德的名字命名，并聘请他担任了第一任所长。

1979年6月8日，伍德沃德因心脏病突然发作在马萨诸塞州去世，年仅62岁。他在辞世前还面对他的学生和助手，念念不忘许多需要进一步研究的复杂有机物的合成工作，他的一生对科学技术的发展作出了巨大贡献，同时也获得了很多崇高的荣誉：1965年由于他在天然有机化合物结构和合成方面的研究成果，而获得诺贝尔化学奖；他是英国皇家学会会员，并于1959年获得了英国皇家学会的大卫勋章；他也是美国科学院院士，并在1964年获得美国国家科学勋章；1970年他还获得了日本朝日勋章等。他逝世以后，人们经常以各种方式悼念这位有机化学巨星。

重要贡献

伍德沃德是20世纪在有机合成化学实验和理论上，取得划时代成果的罕见的有机化学家，据不完全统计，他合成的各种极难合成的复杂有机化合物达24种，被称为"现代有机合成之父"实在是当之无愧。

1. 有机合成技术

他以极其精巧的技术，合成了胆甾醇、皮质酮、马钱子碱、利血平、叶绿素等多种复杂有机化合物。

伍德沃德还探明了金霉素、土霉素、河豚素等复杂有机物的结构与功能，探索了核酸与蛋白质的合成问题、发现了以他的名字命名的伍德沃德有机反应和伍德沃德有机试剂。他在有机化学合成、结构分析、理论说明等多个领域都有独到的见解和杰出的贡献，他还独立地提出二茂铁的夹心结构，这一结构与英国化学家威尔金森、菲舍尔的研究结果完全一致。

1965年，伍德沃德因在有机合成方面的杰出贡献而荣获诺贝尔化学奖。

2. 伍德沃德—霍夫曼规则

获得诺贝尔奖以后，伍德沃德组织了14个国家的110位化学家，协同攻关，探索维生素B_{12}的人工合成问题。在他以前，这种极为重要的药物，只能从动物的内脏中经人工提炼，所以价格极为昂贵，且供不应求。

维生素B_{12}的结构极为复杂，伍德沃德经研究发现，它有181个原子，在空间呈魔毡状分布，性质极为脆弱，受强酸、强碱、高温的作用都会分解，这就给人工合成造成极大的困难。伍德沃德设计了一个拼接式合成方案，即先合成维生素B_{12}的各个局部，然后再把它们对接起来。这种方法后来成了合成所有有机大分子普遍采用的方法。

合成维生素B_{12}过程中，不仅存在一个创立新的合成技术的问题，还遇到一个传统化学理论不能解释的有机理论问题。为此，伍德沃德参照了日本化学家福井谦一提出的"边界电子论"，和他的学生兼助手霍夫曼一起，提出了分子轨道对称守恒原理，这一理论用对称性简单直观地解释了许多有机化学过程，如电环合反应过程、环加成反应过程、σ键迁移过程等。

该原理指出，反应物分子外层轨道对称一致时，反应就易进行，这叫"对称性允许"反应物分子外层轨道对称性不一致时，反应就不易进行，这叫"对称性禁阻"。分子轨道理论的创立，使霍夫曼和福井谦一共同获得了1981年诺贝尔化学奖。因为当时，伍德沃德已去世两年，而诺贝尔奖又不授给已去世的科学家，所以学术界认为，如果伍德沃德还健在的话，他必是获奖人之一，那样，他将成为少数两次获得诺贝尔奖的科学家之一。

伍德沃德合成维生素B_{12}时，共做了近千个复杂的有机合成实验，历时11年，终于在他谢世前几年实现了，完成了复杂的维生素B_{12}的合成工作。

在有机合成过程中，伍德沃德以惊人的毅力夜以继日地工作。例如在合成番木鳖碱、奎宁碱等复杂物质时，需要长时间的守护和观察、记录，那时，伍德沃德每天只睡4个小时，其他时间均在实验室工作。

科学家轶事

伍德沃德小时候自己筹备了一个地下小实验室，经常自己待在实验室里搞各种小实验，让别人都找不到他。

他7岁的生日那一年，父母在家中为他举行生日宴会，大厅里灯火辉煌，可是"小寿星"却在像谜一般地失踪了，这可急坏了伍德沃德夫妇和仆人们，大家分头去找，仍一无所获。

老伍德沃德高声呼唤，总算把小罗伯特叫出来了。只见他刚穿不久的新衣服揉得皱巴巴的，沾满了灰尘和无数蛛丝；小手紧紧地捏着几片绿叶片，汁液从手指缝间溢出来，最为滑稽的是他的小鼻尖上印上了一团蓝墨水，半边脸上涂上了一层红色颜料，这副形象真像马戏团的小丑。他平素严肃的父亲生气地对他说："你到哪里去了，看你这副狼狈相，不争气的孩子！"

小罗伯特一声不吭，低着头仍在沉思，仿佛什么也没有发生似的。宴会结束时，老伍德沃德抚摩着他的头问：

"罗伯特，你最喜欢什么样的礼物？"

"爸爸，给我买一只大烧瓶吧！"小罗伯特仰起头充满期待地回答说。老伍德沃德被弄得疑惑不解，然而小罗伯特的要求，他还是照着办了。

正是这样一位从小与瓶瓶罐罐为伙伴的人，后来成为了一代有机化学的宗师。

经典语录

1. 没有通用的反应，所有反应都必须逐个做才能确定结果。
2. 合成是一门艺术。

生物领域的伟大科学家

SHENG WU LING YU DE WEI DA KE XUE JIA

19世纪以来，物理学、化学等技术科学的理论成就和技术进步，为生物学家认识生物发展规律提供了许多新的手段、方法。所以从19世纪末开始，生命科学取得了巨大的发展。随着孟德尔定律的重新发现和摩尔根的基因论，生物遗传现象得到了进一步的揭示。而DNA双螺旋结构的建立则开辟了生物学的新纪元。在这个基础上产生了基因工程、蛋白质工程。因此生物技术的发展对科技的发展、社会的进步的推动力是巨大的。在这个过程中，涌现出一大批在历史长河中熠熠生辉的生物学家。

巴甫洛夫

Иван Петрович Павлов

巴甫洛夫，俄罗斯著名生理学家，生理学无冕之王。他的条件反射理论和信号系统理论，不仅对医学界和生理学界产生了巨大影响力，而且也对辩证唯物主义哲学体系的发展产生了巨大影响，尤其是对哲学的有关语言和思维的相互联系影响较大。至今，辩证唯物主义哲学有关感觉反应和逻辑认识之间的联系依然是建立在巴甫洛夫的高级神经活动的理论基础之上的。

科学家档案

【中文名】伊凡·彼德罗维奇·巴甫洛夫

【外文名】Иван Петрович Павлов

【国　　籍】俄罗斯

【出生地】洛桑

【生卒日期】1849年9月26日～1936年2月27日

【毕业院校】彼得堡大学

【主要成就】创立条件反射学说、提出了两个信号系统学说

【代表著作】《消化腺机能讲义》《大脑两半球机能讲义》《心脏的传出神经》《消化腺作用》《动物高级神经活动（行为）客观研究20年经验：条件反射》

人生足迹

1849年9月26日，巴甫洛夫出生在俄国中部一个叫洛桑的镇上，父亲是一个乡村传教士。在当时，传教士被认为是一个下贱的职业。巴甫洛夫小时候，家里又穷又无社会地位。但是巴甫洛夫的父亲喜欢读书，经常买些最新的书报杂志回来，在书架上，也摆满了各种各样的书。巴甫洛夫就从中吸收科学的营养，丰富自己的头脑。15岁那年，巴甫洛夫从父亲的书籍中发现了一本名为《日常生活的生理学》的小册子，巴甫洛夫被书中的内容深深地吸引住了，从此便与生理学结下了不解之缘。

1870年，巴甫洛夫就读于圣彼得堡大学，学习动物生理学。在大学里他勤奋研究生理学，并取得一定成就，获得了学校的一枚金质奖章。1875年转入军事医学院学习，1879年毕业于军事医学研究院，1883年写成《心脏的传出神经支配》的博士论文获得医学博士学位。1884年起在军事医学研究院任副教授、教授等职，领导过实验医学研究所生理研究室工作。1901年为彼得堡科学院通信院士，1907年为正式院士。

从1878年到1890年，巴甫洛夫重点研究血液循环中神经作用的问题。当时，神经系统对于许多器官的支配作用和调节作用还没有被人们清楚地认识。在极为恶劣的工作条件下，巴甫洛夫坚持研究。他发现了胰腺的分泌神经。不久，他又发现了温血动物的心脏有一种特殊的营养性神经，这种神经只能控制心跳的强弱，而不影响心跳的快慢。科学界人士把这种神经就称为"巴甫洛夫神经"。巴甫洛夫自此开辟了生理学的一个新分支——神经营养学。

从1890年开始，巴甫洛夫进入他研究工作的第二个时期——消化系统的研究。他发明了新的实验方法，不用被麻醉的动物做急性实验（每次实验完

了，动物也就死掉了）而最用健康的动物做慢性实验，从而能够长期观察动物的正常生理过程。他还创造了多种外科手术，把外科手术引向整个消化系统，彻底搞清了神经系统在调节整个消化过程中的主导作用。巴甫洛夫因在消化生理学方面的出色成果而荣获1904年诺贝尔生理学和医学奖金，成为世界上第一个获得诺贝尔奖的生理学家。

1924年，巴甫洛夫出任苏联科学院巴甫洛夫生理学研究所所长。巴甫洛夫的科研分属心脏生理、消化生理、高级神经活动生理3个领域。在高级神经活动生理领域的研究成果尤为丰硕。他证明了大脑和高级神经活动由无条件反射、条件反射双重反射形成；揭示了"精神活动"是大脑这一"物质肌肉"活动的产物，同样需要消耗能量。他提出：人除第一信号系统即对外界直接影响的反应外，还有第二信号系统即引起人高级神经活动发生重大变化的语言；正是这第二信号系统学说揭示了人类特有的思维生理基础。

1936年2月27日，巴甫洛夫逝世，享年87岁，他一生从事生理学研究长达60余年，为人类作出了不可磨灭的贡献。

重要贡献

巴甫洛夫在学术上的贡献，主要是在于三个方面：心脏的神经功能；消化腺的生理机制；条件反射研究。对后世发展影响最大的是由他的条件反射研究所演变成的经典条件作用学习理论，以及信号系统。

巴甫洛夫从19世纪90年代开始致力于动物和人的反射活动的实验研究，并创立了高级神经活动学说。

他把意识和行为看作是反射，即有机体通过中枢神经系统对作用于感受器的外界刺激所做的规律性反应。有机体生而具有，人的心理、人的一切智力活动和随意运动都是对信号的反应，都是条件反射。所有条件发射即是生理现象，也是心理现象。

他还认为，高级神经活动最基本的过程是兴奋和抑制。无论兴奋和抑制过程，在大脑两半球内发生后，都要从原发点向外扩散，然后再向原发点集中。在兴奋和抑制发生的时候，可以使原发点周围相反的神经过程加强；也可以在神经过程停止后，在原发点处出现相反的神经过程加强对现象，这叫相互诱导，前者叫同时诱导，后者叫相继诱导。

为了区别人和动物的行为，巴甫洛夫又提出了两种信号系统的概念。以现实的具体事物为条件所形成的条件反射属于第一信号系统，是人和动物共同的；以语言和词为条件刺激所形成的条件反射属于第二信号系统，是人所特有的。

巴甫洛夫根据多年的实验和观察，又提出了高级神经活动类型学说。即兴奋和抑制两

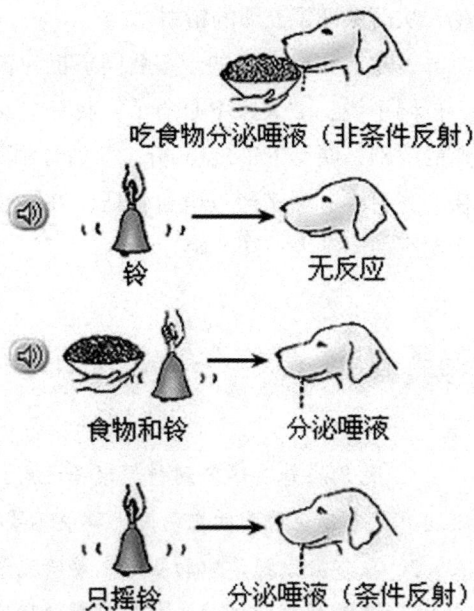

吃食物分泌唾液（非条件反射）

铃 → 无反应

食物和铃 → 分泌唾液

只摇铃 → 分泌唾液（条件反射）

建立条件反射示意图

种神经过程的强度、平衡性和灵活性在个体之间有明显的差异。根据神经过程三种特性的不同组合，构成了高级神经活动的不同类型。他还确定有四种类型是最典型的，这四种类型相当于希波克拉底的四种气质类型。一般认为巴普洛夫的高级神经类型是气质类型的生理基础。由于他对行为主义学派的重大影响而视其为行为主义学派的先驱。

科学家轶事

巴甫洛夫的生活和工作总是井然有序，通常清晨7时左右起床，然后做早操，8时吃早餐，9时进实验室开始他的科研工作，12时左右吃午餐，饭后休息片刻，闭目养神，下午1时半左右又开始工作，晚6时进餐，然后休息并从事体育活动或劳动。睡前翻阅报刊、信件等，晚10时半左右就寝。他遵循着这样一套严格的作息时间，并恪守了近50年，他极少有失眠或食欲不振现

象，从而保证了充沛的精力。

一次，实验室里的十多名同事正为各人的手表时间准确问题争辩，后来一位同事说："大家不必争了，我有个办法，等巴甫洛夫教授登上实验室门槛的时刻，便是下午1点50分。"话音刚落，巴甫洛夫便走进实验室，大家赶快一齐对表，后来经过电台验证，果然准确。大家都说，巴甫洛夫教授的生活制度如同钟表一样准确。

经典语录

1. 你们在想要攀登到科学顶峰之前，务必把科学的初步知识研究透彻。还没有充分领会前面的东西时，就决不要动手搞往后的事情。

2. 要学会做科学中的粗活。要研究事实，对比事实，积聚事实。

3. 我愿用我全部的生命从事科学研究，来贡献给生育我栽培我的祖国和人民。

谢灵顿

Charles Scott

　　谢灵顿，英国科学家，神经系统的哲学家，在生理学和神经系统科学方面有很多贡献。由于"关于神经功能方面的发现"而获得1932年诺贝尔生理学或医学奖。

科学家档案

【中 文 名】查尔斯·斯科特·谢灵顿

【外 文 名】Charles Scott

【国　　籍】英国

【出 生 地】伊斯灵顿

【生卒日期】1857 年11月27日 ~ 1952年3月4日

【毕业院校】剑桥大学

【主要成就】神经系统生理学、脊髓反射机制

【代表著作】《神经系统的整合作用》《哺乳动物生理学：实习教程》

人生足迹

　　1857年11月27日，谢灵顿出生于伦敦北部的伊斯灵顿。1876年起进入伦敦圣托马斯医院学习，并在1878年通过皇家外科学院的初级考试，翌年又通过该学院的特别研究生的初级考试，在爱丁堡作短暂逗留后，他于1879年前往剑桥大学，成为凯厄斯学院的成员，1885年取得医学学士学位，翌年获医师资格，然后回到圣托马斯医院任讲师，1886年他获得了英国皇家医师资格。

　　1881年，当谢灵顿还在剑桥大学时，参加了在伦敦召开的一次医学会议，在会上，大家对神经功能的实验研究进行了讨论，由法国斯特拉斯堡大学所做的关于切除狗和猴的部分大脑皮层所产生的影响在会上产生了分歧意见，激起了广泛的兴趣。随后，谢灵顿在剑桥大学也对这个问题进行了大量研究，并在1884年发表了一篇研究论文，从此确定了谢灵顿为探索神经系统奥秘而献身的志向。

　　1891年，谢灵顿担任伦敦大学兽医院布朗研究所的教授和所长，他的研究目标转向脊髓反射，这个问题在当时是个热门研究课题。谢灵顿对这个课题发表了一些论文，并在1892—1894年期间，也发表了一些对支配肌肉的传出神经的论文。1893—1897年间，他研究发现了支配肌肉的神经束中有1/3是传出纤维，其余的为运动纤维。

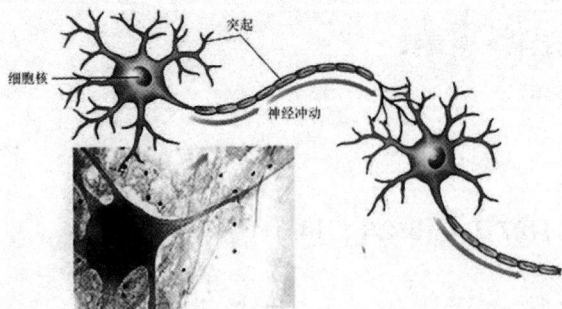

细胞核　　突起　　神经冲动

神经元

　　1906年，谢灵顿出版了他的不朽著作《神经系统的整合作用》。1913年，他被聘请为牛津大学生理学教授，在牛津大学，他一直逗留到1936年退休。在这里他写下了经典的《哺乳动物生理学：实习教程》，该教程于1919年出版，是他为学生而写的，也是他在牛津大学用作教他的学生的教材。也是在这里他获得了1932年诺贝尔生理学或医学奖。

1952年3月4日，谢灵顿在伊斯特本因心力衰竭而突然去世，享年95岁。

重要贡献

1894年，谢灵顿发现支配肌肉的神经含有感觉神经纤维与运动神经纤维，感觉神经纤维将兴奋信息传至大脑，从而决定了肌肉的紧张度。1893—1909年，他与其合作者发表了14篇关于交互神经支配的论文，证明在反射活动中，当一群肌肉兴奋时，相对的另一群肌肉就被抑制。这种交互神经支配理论被称为谢灵顿定律。

由于对牵张反射进行了深入研究和分析，及对于在丘脑水平上横切脑干的动物进行观察的结果，他首先体会到牵张反射在姿势调节中的重要作用。证明了猫的去大脑僵直表现是一种脊髓反射。由于他对脊髓反射机制进行了深入分析，从而奠定了研究运动和姿势调节的反射基础。

谢灵顿还将牵张感受器称为本体感受器，从而提出对感受器分类的看法。根据刺激的来源及感受器所在位置，谢灵顿将感受器分为外感受器（如视、听、嗅及皮肤等感受器）、内感受器（如感受内脏器官发来的冲动信息）以及本体感受器（如肌肉、肌腱、关节和迷路等感受器）。他首先划出大脑皮层的运动区，进而确定了控制身体各部分的感觉区及运动区。

在总结过去工作基础上，1906年谢灵顿出版了《神经系统的整合作用》专著。书中提出简单反射，刻板（固定形式）的运动由激活皮肤或肌肉的感受器而引起，是运动的基本单位，而复杂反射序列可能是由简单反射联合起来而产生的。这一观点在20世纪很长时间内一直是运动生理学中的指导原理，直到不久以前才被修正。现在认为许多协调运动能在缺乏感觉传入信息的条件下引起，如步行（或踏板器械运动）等形式固定的运动。由于谢灵顿在神经系统研究工作的杰出成就，1932年，他与阿德里安同获诺贝尔生理学或医学奖。

科学家轶事

少年时的谢灵顿，曾经是一名街头恶少。他出生于英国伦敦的贫民窟，幼年时失去父母爱，从小沾染上各种恶习，以致周围的人都说他"不是好种"！许多人见了他都"退避三舍"，他自己也不以为意，无悔改之心。有段时间他对一位挤牛奶的女工产生爱慕之心，并贸然向她求婚，遭到严词拒绝，这位女工对他说："我宁愿跳泰晤士河淹死，也不会嫁给你！"他被这位女工大骂之后头脑竟然清醒了，他毅然离开伦敦，一改过去的恶习，发奋攻读，研究中枢神经系统生理学，取得重大的成就，赢得世人的敬重。

经典语录

1. 对大自然探索得越合理，答案就会越清楚。
2. 运动是自己命运的创造者。

摩尔根

Thomas Hunt Morgan

摩尔根，美国实验胚胎学家、遗传学家，基因学说的创始人，被誉为"遗传学之父"。对形态学、胚胎学、发生学等也都有卓越贡献，他将分散的遗传学、动物学、胚胎学、生理学等融合起来，形成生物学，并使之与物理学、化学相沟通。1933年度，摩尔根成为诺贝尔生理医学奖获得者。

科学家档案

【中 文 名】托马斯·亨特·摩尔根

【外 文 名】Thomas Hunt Morgan

【国 　 籍】美国

【出 生 地】列克辛顿

【生卒日期】1866年9月25日 ~ 1945年 12月4日

【毕业院校】肯塔基州立学院

【主要成就】发现染色体的遗传机制——连锁与互换定律，创立染色体

遗传理论，现代实验生物学奠基人

【代表著作】《易洛魁联盟》《人类家庭的血亲和姻亲制度》《古代社会》《基因论》《孟德尔式遗传机制》

人生足迹

1866年9月25日，摩尔根生于美国肯塔基州的列克辛顿。1880年，他进入肯塔基州立学院学习生物学，1886年获得动物学学士学位。之后，他去霍普金斯大学深造。在霍普金斯大学，他在几位著名教授的指导下攻读了普通生物学、生理学、解剖学、形态学和胚胎学。1890年，他完成了博士论文《论海洋蜘蛛》，获得哲学博士学位。1891—1904年任布林马尔大学动物学副教授。1904—1928年任哥伦比亚大学实验动物学教授。1928—1945年任加利福尼亚理工学院生物学教授。1919年被选为伦敦皇家学会会员。

摩尔根的研究兴趣极为广泛，他一生的科研工作总是在生物的进化、遗传和发生等广阔的领域里不断地交换着研究课题。

在1895—1902年间，他集中精力研究实验胚胎学，著有《实验胚胎学》一书，对于当时发展以生理为基础的生物学观点起了一定的推动作用。在1903—1910年间，他研究进化论，特别是研究与性别决定有关的遗传学和细胞学问题。在1910—1935年间，他集中研究果蝇的遗传问题。在1935—1945年期间，他研究胚胎学及其与遗传和进化的关系。

1933年，摩尔根获得诺贝尔生理学或医学奖。他是第一位以遗传学成就而荣获诺贝尔生理学或医学奖的科学家，是染色体遗传学的创始人，在孟德尔遗传学向分子遗传学发展的过程中，起着承上启下、继往开来的作用。

1945年12月4日，因动脉破裂，摩尔根在帕萨迪纳逝世，享年78岁。

摩尔根不仅对于果蝇的遗传学研究最负盛名，同时他对于胚胎学、细胞学以及进化论的研究也都作出了显著贡献。他在创立染色体遗传理取得了重大成果，而且在实验方法上，他首次把定量分析方法应用于解决生物学问题，这就促使遗传学很快地有了飞跃的发展，并为现代的新兴科学——基因工程奠定了基础。

重要贡献

摩尔根对果蝇的研究提出了"连锁与互换定律"，是摩尔根在遗传学领域的一大贡献；它和孟德尔的分离定律、自由组合定律一道，被称为遗传学三大定律。

1908年前后，摩尔根开始养殖果蝇。大约在1910年5月，在摩尔根的实验室中诞生了一只白眼雄果蝇。摩尔根把它带回家中，把它放在床边的一只瓶子中，白天把它带回实验室，不久他把这只果蝇与另一只红眼雌果蝇进行交配，在下一代果蝇中产生了全是红眼的果蝇，一共是1240只。

后来，摩尔根把一只白眼雌果蝇与一只正常的雄果蝇交配，却在其后代中得到一半是红眼、一半是白眼的雄果蝇，而雌果蝇中却没有白眼，全部雌性都长有正常的红眼睛。

摩尔根对此现象如何解释呢？他说："眼睛的颜色基因（R）与性别决定的基因是结在一起的，即在X染色体上。"或者像我们现在所说那样是连锁的，那样得到一条既带有白眼基因的X染色体，又有一条Y染色体的话，即发育为白眼雄果蝇。

摩尔根及其同事、学生继续用果蝇做实验材料。到1925年已经在这个小生物身上发现它有4对染色体，并鉴定了约100个不同的基因。并且由交配试验而确定连锁的程度，可以用来测量染色体上基因间的距离。

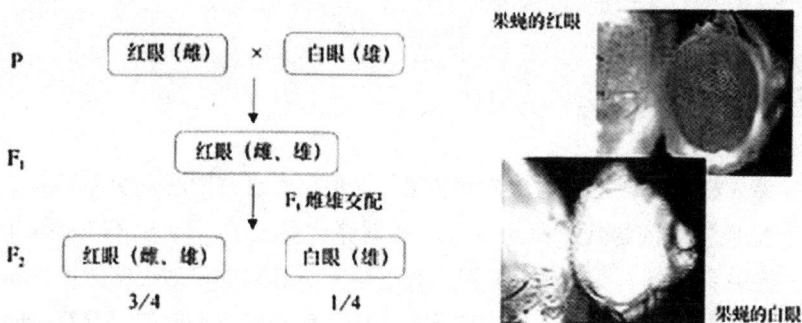

果蝇连锁遗传

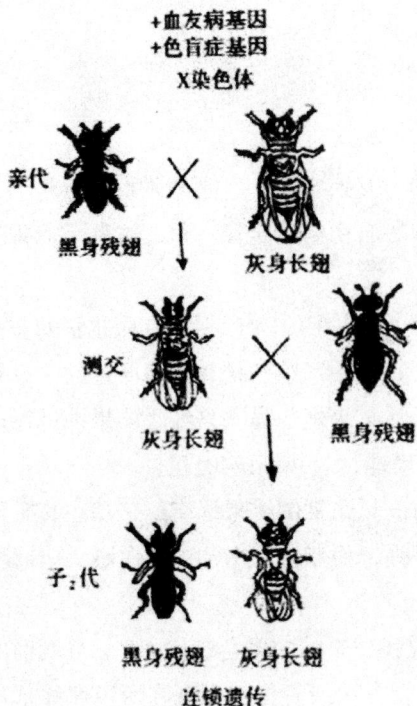

+血友病基因
+色盲症基因
X染色体

亲代

黑身残翅　　　灰身长翅

测交

灰身长翅　　　黑身残翅

子₂代

黑身残翅　　灰身长翅

连锁遗传

果蝇连锁遗传

摩尔根发现，代表生物遗传秘密的基因的确存在于生殖细胞的染色体上。而且，他还发现，基因在每条染色体内是直线排列的。染色体可以自由组合，而排在一条染色体上的基因是不能自由组合的。摩尔根把这种特点称为基因的"连锁"。摩尔根在长期的试验中发现，由于同源染色体的断离与结合，而产生了基因的互相交换。不过交换的情况很少，只占1%，这就是连锁和交换定律。

他又进一步创立了基因学说，认为基因是组成染色体的遗传单位，并且证明基因在染色体上占有一定的位置，而且呈直线排列。他还认为，在个体发育中，一定的基因在一定的条件下，控制着一定的代谢过程，从而体现在一定的遗传特性和特征的表现上，基因还可以通过突变而发生变化。

科学家轶事

摩尔根生来就是一个"博物学家"，他对大自然中的一切都充满了好奇心。他最喜欢的游戏就是到野外去捕蝴蝶、捉虫子、掏鸟窝和采集奇形怪状、色彩斑斓的石头。他经常趴在地上半天不起来，仔细观察昆虫是如何采食、如何筑巢。有时他还会把捕捉到的虫、鸟带回家去解剖，看看它们身体内部的构造。

摩尔根10岁的时候，在他的反复要求下，父母同意把家中的两个房间给他专用。于是，他动手刷油漆、糊壁纸，按照自己的意愿把两个房间重新装饰一番，然后在里面摆满了自己亲手采集和制作的鸟、鸟蛋、蝴蝶、化石、矿石等各种标本。直到摩尔根逝世后，这两个房间里的摆设还保持着他少年时的原样。

摩尔根的另一个爱好是看书，特别是那些关于大自然、生物的书。如果没有人叫他吃饭的话，他可以一整天泡在书房里。摩尔根还有一个从小养成的习性，就是不修边幅。他从不要求父母添置新衣服，也不会因衣服破旧而难堪。后来他为赴瑞典接受诺贝尔奖途经纽约时，到老朋友韦弗博士的家中过了一夜。韦弗夫妇发现大名鼎鼎的现代遗传学之父，竟穿着一件很不像样的大衣，而且大衣的一个口袋里塞着一包用旧报纸包着的梳子、剃须刀和牙刷，另一个口袋里是同样用旧报纸包着的一双袜子。当韦弗夫人面露惊讶之色时，已是67岁的摩尔根反倒不解了，他问道："还有什么需要带的吗？"

经典语录

1. 遗传的特性决定人的寿命。

2. 家庭是一个能动的要素，它从来不是静止不动的，而是随着社会从较低阶段向较高阶段的发展，从较低的形式进到较高的形式。

施佩曼

Hans Spemann

施佩曼，德国实验胚胎学家。因发现蝾螈胚胎体中的"组织中心"而获1935年诺贝尔生理学或医学奖。1941年因希特勒迫害逝世。

科学家档案

【中 文 名】汉斯·施佩曼

【外 文 名】Hans Spemann

【国　　籍】德国

【出 生 地】德国斯图加特

【生卒日期】1869年6月27日～1941年9月12日

【毕业院校】慕尼黑大学

【主要成就】发现蝾螈胚胎体中的"组织中心"

【代表著作】《胚胎发育和诱导》

人生足迹

1869年6月27日，施佩曼出生于德国符腾堡州的斯图加特，父亲是个出版商，他是长子。1878年在斯图加特的埃伯哈德-路德维希学校读书，1888年离校，随父从事出版业工作，1889—1890年在德陆军服兵役，1891年进入德国海德堡大学开始学医。1893—1894年就读于慕尼黑大学，1895年到维尔茨堡大学攻读动物学、植物学和物理学，获博士学位，毕业后，到维尔茨堡大学的动物研究所工作，1908—1914年在罗斯托克大学执教动物学和比较解剖学。1914—1919年成为柏林恺撒威廉生物研究所副主任，1919—1936年任弗赖堡大学动物学教授、动物学院院长直到退休。1935年成为名誉教授。

施佩曼毕生从事两栖类胚胎早期发育的研究，1902—1920年，他研究了蝾螈受精卵的发育过程，发现了使他闻名遐迩的蝾螈胚胎体中的"组织中心"，并提出用核移植方法克隆整个有机体，也被称为"克隆之父"，不过当时没有完成他的远见。他开拓了实验胚胎学的新局面，使他获得了1935年的诺贝尔生理学或医学奖。

此外，他还研究了眼球与晶体之间的诱导作用，发现缺乏眼泡便不能形成晶体，这里眼泡是"诱导者"。关于诱导作用的机制，他早期倾向于重视"诱导者"的作用——"诱导者"决定产生出什么器官。但后来的研究发现，把青蛙的胚胎组织移植到蝾螈胚胎，蝾螈的"诱导者"虽作用于青蛙组织，但仍产生出青蛙的器官，反之，把蝾螈的胚胎组织移植到青蛙宿主，仍产生出蝾螈的器官。这表明被诱导组织所产生出的器官的种属特性，取决于它自己内在的（遗传的）组成。这使人们对于诱导和反应有了更全面的认识。

1941年9月9日，遭受纳粹迫害的施佩曼在德国弗赖堡去世。在施佩曼过世后，德国发行了邮票表示对他的纪念。

重要贡献

1938年，施佩曼作出了一个非常精致的两栖类动物蝾螈受精卵的结扎实验，并多次重复成功。实验过程如下：

（1）用婴儿头发沿着蝾螈受精卵的正中缚扎成2个半球状，使细胞核处于一侧。结扎不要太紧，要留下一条狭窄的细胞质桥，将有核的一半和无核的一半联结起来。

（2）有核的一半开始分裂。

（3）有核的一半继续正常地分裂，进行早期的胚胎发育；而无核的一半不能分裂。

（4）待有核的一半分裂到16细胞期时，把结扎的头发放松一些，让一个细胞核横穿细胞质桥逸入到无核的那个半球中去。

（5）收紧发环，使细胞质桥断离。

（6）分离后的两部分都能各自发育成正常的胚胎，只是其中一个小些，在发育的时间上延迟了一些。

这个实验证明了蝾螈16细胞期胚胎的体细胞核仍然和原来受精卵的核一样，保留有完整的遗传因子，能够进行正常的个体发育。这个实验如果在较晚时期——原肠期进行结扎，则两半各自发育为半个胚胎，这意味着在早期和晚期之间发生了某种过程，使胚胎各部分的"命运"确定下来。施佩曼把这一过程叫做"决定"。

此后，他又通过异位移植实验，发现在原肠形成之前，如果使外胚层的任何部分与中胚层接触，都能发育为神经组织；但如将原来要发育为神经组织的外胚层移到不与中胚层接触的部位，便不能发育为

施佩曼邮票

神经组织，从而首次接触到精确控制胚胎某一部分发育方向的机制问题。他又根据把受精卵结扎为背腹两半、只有背方一半能产生出正常胚胎的情况，说明背方含有形成整个胚胎所必需的物质。

由此出发，他建议曼戈尔德在早期原肠胚上把背唇移植到将来产生腹唇的部位，结果在宿主腹方产生出第二个胚胎，于是施佩曼把胚胎的背唇区域称为组织者。这一发现使他获得了1935年诺贝尔生理学或医学奖。

科学家轶事

施佩曼小时候并不喜欢学习，高中毕业后，没有按常规上大学，而是参军服兵役。退役后，又在家族产业——出版社工作。后来阅读许多伟大人物的传记，有所感触，改变初衷，重上大学，学医。

他为什么能发现胚胎的"组织中心"的作用并获诺贝尔奖呢？真正的原因是，他儿童时代常常玩蝾螈，长大后，从蝾螈身上发现了生命的奥秘，因此有人说施佩曼的成就是他小时候玩青蛙和蝾螈的一种延续。虽说用玩心从事的研究越来越少了，但是施佩曼最初研究的胚胎学至今仍然是一个极富玩心的奇妙领域。

经典语录

尽管你青少年时代不太喜欢上学，较早步入了社会，但你后来醒悟到学习的重要性，你仍有可能获诺贝尔奖。

兰德施泰纳

Karl Landsteiner

　　兰德施泰纳，美籍奥地利裔免疫学家，血型之父。1901年他发现了人类的ABO血型系统，为此他于1930年获得诺贝尔生理学或医学奖。1937年他又与亚历山大·所罗门·维纳一起发现了恒河因子。

科学家档案

【中 文 名】卡尔·兰德施泰纳

【外 文 名】Karl Landsteiner

【国　　籍】美国

【出 生 地】奥地利维也纳

【生卒日期】1868年6月14日～1943年6月26日

【毕业院校】维也纳大学

【主要成就】发现ABO血型系统和恒河因子

【代表著作】《血清学反应的特异性》

人生足迹

1868年6月14日，兰德施泰纳生于维也纳的巴登，父亲是一位著名记者，他在兰德施泰纳六岁时就去世了。1891年，兰德施泰纳获维也纳大学医学院医学博士学位。在他的学期他发表了一篇食品对血的成分的影响的论文。他当时认为血是一种"特别的汁"。

1892—1894年间，兰德施泰纳在德国和瑞士研究化学。1896—1908年，先后在维也纳大学卫生系和病理解剖研究所任职。1896年后，兰德施泰纳对血清学和免疫学产生兴趣，将化学方法引入血清学研究。

1901年，兰德施泰纳发现了血型。他证明在从一个人向另一个人输血时被输入的血往往会在血管里凝结。1909年，他用抗A血清和抗B血清将血液分成A、B、AB和O四种主要的血型。他认识到同样血型的人之间输血不会导致血细胞被摧毁，但不同血型之间输血会导致上述的凝结。今天我们知道，AB型的人可以接受所有其他血型的血，而O型的人可以为所有其他人输血。这个知识尤其对输血和外科手术非常重要。

1905—1907年，德施泰纳与合作者成功地使猴感染梅毒，确定苍白密螺旋体存在于梅毒瘤中；开创用螺旋体的暗视野显微镜观察法；阐明瓦瑟曼氏反应的机制，并用牛心脏代替人体器官以提取抗原，使瓦氏试验得以广泛应用。

1908—1919年，兰德施泰纳研究恒河猴等动物脊髓灰质炎，设想其病原体为病毒，并与同事设计出一套血清诊断程序和保存病毒的方法。发现半抗原，促进免疫学的发展。他用化学和血清学技术区分出不同的血红蛋白；与合作者发现凝集素和MN等血液因子、一种仅存在于黑人血液中的因子（今称亨特—享肖二氏系统）及Rh因子等。

1930—1932年与合作者成功地培养出流行性斑疹伤寒的病原体普氏立克次氏体。1936年发表免疫学经典著作《血清学反应的特异性》。

1943年6月26日，卡尔·兰德施泰纳卒于纽约，享年75岁。为了纪念他，奥地利曾把其肖像印在1000元的奥地利先令上。此外，从2004年开始兰德施泰纳的生日（6月14日）被规定为世界献血日。

重要贡献

1901年，兰德施泰纳发现，健康人的血清对不同人类个体的红细胞有凝聚作用。他证明一个人的血液被输入另一个人的体内时因血型不同往往会在血管发生凝结。

1909年他分辨出A、B、AB和O四种主要血型，指出A型血的人红血球表面有A型抗原，他们的血清中会产生对抗B型抗原的抗体，所以他们只能接受A型或O型的血液；B型血的人红血球表面有B型抗原，血清中会产生对抗A型抗原的抗体，因此他们只能接受B型或O型的血液；AB型血的人红血球表面同时有A型和B型抗原，他们的血清中不会产生对抗A或B型抗原的抗体，所以他们能接受A、B、AB和O型血液，但他们只能给同样血型的人输血；O型血的人红血球表面既无A型亦无B型抗原（故称O型血），他们的血清对这两种抗原都会产生抗体，因此O型血的人是"万能输血者"，但他们只能接受O型血液。

这一重要发现对输血的安全性和外科手术的成功产生了巨大影响，卡尔·兰德施泰纳为此获得了1930年的诺贝尔医学奖。ABO血型系统是人类最早认识的血型系统，并由此产生了玻片法鉴定ABO血型。

ABO血型的发现开创了免疫血液学、免疫遗传学等新兴学科，对临床输血工作具有非常重要的意义。血型系统也曾广泛应用于法医学以及亲子鉴定中，但目前已经逐渐被更为精确的基因学方法所取代。

1940年，兰德施泰纳又发现了血液中另一个主要特点——恒河猴因子，也被读作Rh抗原、Rh因子，因与恒河猴红细胞上的抗原相同得名。他发现每个人的红细胞上只可能有或没有Rh因子，通常会与ABO结合起来，写的时候放在ABO血型后面。例如，一位血液是AB型同时是Rh阳性的人，其血型可以简写为AB+。在血型中，以O+型是最常见。

Rh+，称作"Rh阳性"或"Rh显性"，表示人类红细胞"有Rh因子"。

Rh-，称作"Rh阴性"或"Rh隐性"，表示人类红细胞"没有Rh因子"。

ABO血型中配合Rh因子是非常重要的，错配（Rh+的血捐给Rh-的人）会导致溶血。不过Rh+的人接受Rh-的的血是没有问题的。

和ABO血型系统的抗体不同，Rh血型系统的抗体比较小，可以透过胎盘屏障。当一名Rh-的母亲怀有一个Rh+的婴儿，然后再怀有第二个Rh+的婴儿，就可能出现Rh症（溶血病）。母亲于第一次怀孕时产生对抗Rh+红细胞的抗体。在第二次怀孕时抗体透过胎盘把第二个婴儿的血液溶解，一般

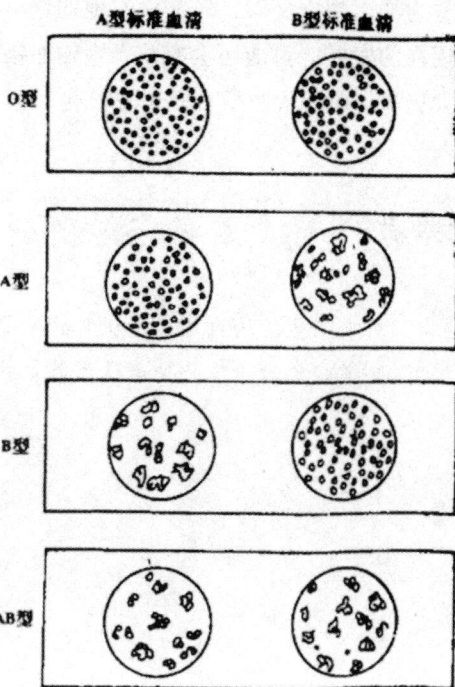

玻片法鉴定ABO血型

称新生婴儿溶血症。这反应不一定发生，但如果婴儿有A或B抗原而母亲没有则机会较大。以往，Rh因子不配合会引起小产或母亲死亡。同ＡＢＯ血型系统一样，Rh因子的发现在临床上也具有重要意义。

科学家轶事

兰德施泰纳从小就喜欢和医院打交道，在他还上小学时，就常常独自跑到一家公立医院玩，居然还混进了他们的解剖室。有一次，他甚至还拉着一位教授的衣袖说："先生，我很想看看一个人在断气的时候是什么样子。"

可能因为小时候的影响，他走上医学这条路，之后才揭开血型密码，发现人类四种主要的血型——A型、B型、O型、AB型，这项惊人的发现使得他

被誉为"血型之父"，若是没有他的这项重大发现，人类今天的医学也不会有现在的发展，可能还会有病人因输血错误而死，发生医疗事故的概率也会大大提高，对现代医学有极大的影响。

经典语录

1. 对未来生活的自信，是理智的期望。

2. 如果我们过于爽快地承认失败，就可能使自己发觉不了我们非常接近于正确。

弗莱明

Alexander Fleming

弗莱明，英国细菌学家，由于发现青霉素而获得了1945年度诺贝尔生理学或医学奖。青霉素的发现，拯救了数百万计的人，让传染病的时代一去不返，弗莱明也被认为是20世纪最伟大的科学家之一。

科学家档案

【中文名】亚历山大·弗莱明

【外文名】Alexander Fleming

【国　籍】英国

【出生地】英国苏格兰

【生卒日期】1881年8月6日～1955年3月11日

【毕业院校】伦敦大学圣玛丽医院医学院

【主要成就】发现了青霉素

【代表著作】《青霉素——它的实际应用》

人生足迹

　　1881年1月6日，弗莱明出生在苏格兰的洛克菲尔德。他的父亲是个普通农民，共有8个孩子，弗莱明是最小的一个。弗莱明家境贫寒，很早就辍学工作，但是生活的艰苦和工作的疲劳都无法扼制他那从小就具有的强烈的求知欲望。经过刻苦自学，他投考了医学院，而且因入学考试成绩优异获得了"自然科学奖金"，终于进入了伦敦大学圣玛丽医院医学院。从此，弗莱明踏入了医学的殿堂，把他的一生献给了医学。

　　从1906年开始，弗莱明在他的老师赖特的精心指导下从事疫苗等的研究。他对工作极为认真，非常重视实践，对每一项研究都亲自操作，亲自观察实验中的各种现象，并注意把实验室工作和临床工作紧密结合起来，提高自己的科研水平。这期间，他发表了许多论文，还兼任了伦敦洛克医院的病理学医师。1908年，他获得了"医学硕士"和"外科硕士"的学位，而且因成绩优异，得到了大学的金质奖章。

　　1914年，爆发了第一次世界大战，弗莱明离开了细菌实验室，到英国皇家军队的医疗团工作。在战争的情况下，他仍继续与他的导师赖特合作，研究治疗战伤的新方法。工作中，他不墨守成规，成功地采取了枸橼酸盐做抗凝剂进行间接输血技术，打破了过去给血者必须直接输血给伤者的老办法。

　　"一战"结束后，弗莱明又回到圣玛丽医院，担任了防疫部门的副主任，同时教授细菌学，并继续进行艰苦的科学研究工作。1922年，他首先发现了在人的眼泪和唾液中，含有一种能杀灭细菌的物质，他把它叫做"溶菌酶"，并公开发表了这一研究成果。这一发现证实了在生物体内，本来就存在着抗菌物质，这一点对他发现的青霉素具有深刻的影响。

　　1928年9月15日，亚历山大·弗莱明发现了青霉素，这使他在全世界赢得了25个名誉学位、15个城市的荣誉市民称号以及其他140多项荣誉，其中包括1945年诺贝尔生理学或医学奖。

　　1955年3月11日，弗莱明在伦敦与世长辞了，终年74岁。

重要贡献

弗莱明最重要的贡献就是发现了青霉素，并且与其他人合作实现了青霉素的工厂化生产。说起他发现青霉素，实在是个偶然的事。

1928年的一天，弗莱明在逐个检查培养器时，突然发现了一个奇怪的现象。在一只接种有葡萄球菌的培养器中，由于空气中霉菌的污染长了一大团霉，在这霉团周围的葡萄菌被杀灭了，出现了一个"抑菌环"。只有距霉菌较远的地方才有葡萄菌生长。

富有钻研精神的弗莱明没有轻易放过这一现象。他小心翼翼地把这种霉菌接种到无菌的琼脂培养基上和肉汤培养基里。经过培养，发现肉汤里这种

弗莱明在工作

霉菌生长很快，形成了一个又一个白中透绿和暗绿色的霉团。通过鉴定，他知道了这种霉菌属于青霉菌属的一种，他就把经过过滤所得的含有这种霉菌分泌物的液体，叫"青霉素"。

他把这种霉菌接种到各种细菌的培养器中，经过培养，他发现葡萄球菌、链球菌等化脓性球菌和白喉杆菌都被它所抑制，这使急于要找到一种治疗化脓性感染药物的弗莱明深受鼓舞。接着，他用动物做了毒性试验，又观察了青霉素对人体白细胞防御功能的影响，结果证明青霉素没有毒性，也不影响白细胞的正常防御功能。又经过一系列试验和研究，弗莱明认为青霉素可能成为一种可以全身应用的抗菌药物。

1929年，弗莱明发表了他的科研成果，但当时没有得到重视。青霉素在大量生产上遇到困难，致使这种神奇的药品在十余年内未能发挥作用。

1935年，英国牛津大学病理学家弗劳雷和长期在英国工作的德国出生的生化学家钱恩合作，重新研究了青霉素，终于解决了青霉素的浓缩问题，使大量生产成为可能。20世纪40年代，他们成功地用于医治人的疾病，发现这种新药果有奇效。1945年，弗莱明和钱恩、弗劳雷共获了诺贝尔生理学或医学奖。

青霉素的发现是人类发展抗菌素历史上的一个里程碑，作为青霉素发现者的弗莱明，无愧于从微生物等生物体内寻找抗菌药物拓荒者的称号。青霉素的发现鼓励了寻找其他抗菌素的研究工作，从而相继发现了许多神奇的抗菌药物，现在用于医疗的抗菌素已达数百种之多。这些药物的使用不仅仅限于传染病，也广泛应用于心血管系统的疾病、精神病以及癌症等多种疾病的治疗，普遍提高了内、外、妇、儿、五官各科的医疗水平，拯救了数以百万计的生命。

科学家轶事

弗莱明是一个脚踏实地的人。他不尚空谈，只知默默地工作。起初人们并不重视他。他在伦敦圣玛丽医院实验室工作时，那里许多人当面叫他小弗莱，背后则嘲笑他，给他起了一个外号叫"苏格兰老古董"。

有一天，实验室主任赖特爵士主持例行的业务讨论会。一些实验工作人员口若悬河，哗众取宠，唯独弗莱明一直沉默不语。赖特爵士转过头来问道：

"弗莱明，你有什么看法？"

"做。"弗莱明只说了一个字。他的意思是说，与其这样不着边际地夸夸其谈，不如立即恢复实验。

到了下午五点钟，赖特爵士又问他：

"弗莱明，你现在有什么意见要发表吗？"

"茶。"原来，喝茶的时间到了。

这一天，弗莱明在实验室里就只说了这两个字。

经典语录

1. 不要等待运气降临，应该去努力掌握知识。

2. 医药界最可怕而且冥冥中杀人害世的，莫过于贪，贪名贪利都要不得。

克里克

Francis Harry Compton Crick

克里克，英国分子生物学家，DNA双螺旋结构的发现者之一，DNA之父。他的发现开启了分子生物学的黄金时代。伦敦大学学院的遗传学家史蒂夫·琼斯则把克里克称作"20世纪的达尔文"。

科学家档案

【中 文 名】弗朗西斯·哈里·康普顿·克里克

【外 文 名】Francis Harry Compton Crick

【国　　籍】英国

【出 生 地】英格兰北安普敦

【生卒日期】1916年6月8日～2004年7月28日

【毕业院校】伦敦大学

【主要成就】发现DNA双螺旋结构

【代表著作】《狂热的追求——科学发现之我见》《论分子与人》《生

命：起源和本质》《惊人的假说——灵魂的科学探索》

人生足迹

1916年6月8日，克里克生于英格兰中南部一个郡的首府北安普敦。小时酷爱物理学。1934年中学毕业后，他考入伦敦大学物理系，1937年获伦敦大学学士学位，随即攻读博士学位。然而，1939年爆发的第二次世界大战中断了他的学业，他进入海军部门研究鱼雷，也没有什么成就。

1947—1949年，克里克到剑桥斯特兰奇韦斯实验室工作。1949—1953年，在剑桥大学卡文迪许实验物理学实验室研究基本粒子。在此期间克里克读到著名物理学家薛定谔的《生命是什么》，书中预言一个生物学研究的新纪元即将开始，并指出生物问题最终要靠物理学和化学去说明，而且很可能从生物学研究中发现新的物理学定律。克里克深信自己的物理学知识有助于生物学的研究，但化学知识缺乏，于是开始发愤攻读有机化学、X射线衍射理论和技术，准备探索蛋白质结构问题。

1951年，美国一位23岁的生物学博士沃森来到卡文迪许实验室，他也受到薛定谔《生命是什么》的影响。克里克同他一见如故，开始了对遗传物质脱氧核糖核酸DNA分子结构的合作研究。不久，提出了著名的DNA双螺旋学说。1953年，克里克获得剑桥大学博士学位。1953—1954年去美国布鲁克林工业学院工作。因提出DNA的双螺旋结构学说，1962年，46岁的克里克同沃森、威尔金斯一道荣获诺贝尔生理学或医学奖。

克里克

后来，克里克又单独首次提出蛋白质合成的中心法则，即遗传密码的走向是：DNA→RNA→蛋白质，奠定了整个分子遗传学的基础。他在遗传密码的比例和翻译机制的研究方面也作出了贡献。1977年，克里克离开了剑桥，前往加州圣地亚哥的索尔克研究院担任教授。

2004年7月28日深夜，弗朗西斯·克里克在与结肠癌进行了长时间的搏斗之后，在加州圣地亚哥的桑顿医院里逝世，享年88岁。

重要贡献

克里克和沃森相识后，他们很快发现彼此都对DNA的分子结构极感兴趣，便决定合作研究。他们虽然性格相左，但在事业上志同道合。沃森生物学基础扎实，训练有素；克里克参加过用X射线研究血红蛋白的分子结构，在研究X射线衍射照片方面有很高的造诣。他们二人优势互补，取长补短。并善于吸收和借鉴当时也在研究DNA分子结构的鲍林、威尔金斯和富兰克林等人的成果，结果经不足两年时间的努力便完成了DNA分子的双螺旋结构模型。

沃森和克里克

当时沃森和克里克见到的DNA的X射线衍射照片不是非常清楚，但是可以看出DNA分子很可能具有螺旋结构。他们用金属铰合线建立了一个三链的模型，但很快就知道是错误的。

一次，沃森和克里克见到了维尔金斯和富兰克林拍摄的、非常清晰的X射线衍射照片。他们从照片中央的那些小小的十字架样的图案上，敏锐地意识到DNA分子很可能是双链结构。他们立即投入模型的重建工作，以脱氧核糖和碱基间隔排列形成骨架——主链，让碱基两两相连夹于双螺旋之间。由于他们让相同的碱基两两配对，做出来的模型是扭曲的。他们不知道如何解释这种现象。

后来，他们从美国生物化学家查伽夫的研究成果得到了很大启发。查伽夫发现：在他所分析的DNA样本中，腺嘌呤

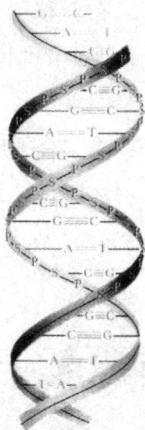

DNA分子双螺旋结构模型

（A）的数目总是和胸腺嘧啶（T）的数目相等，胞嘧啶（C）的数目总是和鸟嘌呤（G）的数目相等，即（A＋G）：（T＋C）=1；（A＋T）：（C＋G）的比值具有物种特异性。沃森和克里克吸收了这一研究成果，经过深入的思考，终于建立了DNA的双螺旋结构模型。

DNA分子由四种脱氧核苷酸组成，每种脱氧核苷酸含有一种含氮碱基，它们分别是腺嘌呤（A）、鸟嘌呤（G）、胞嘧啶（C）和胸腺嘧啶（T）。在DNA中，碱基配对结合，即腺嘌呤（A）只能与胸腺嘧啶（T）相互配对，鸟嘌呤（G）只能与胞嘧啶（C）相互配对。单个的核苷酸连成一条链，两条核苷酸链按一定的顺序排列，然后再扭成"麻花"样，就构成脱氧核糖核酸（DNA）的分子结构。

这样，克里克和沃森不仅发现了DNA的分子结构，而且丛结构与功能的角度作出了解释。这是生命科学领域内的根本性贡献，最近半个多世纪来生物科学取得了巨大的进展，与DNA模型是分不开的。

科学家轶事

克里克出生于英国伦敦附近一个中产阶级的家庭，从小受到正规严格的

教育，衣着整洁时髦，骨子里透着一股贵族气息，他从内心深处认为，科学是一种绅士的职业（即使是有些贫穷的绅士）。

当他首次投奔剑桥卡文迪许实验室时，以为每一个出租车司机都会知道这样一个神圣的地方，结果却发现不是如此，他不得不告诉地址，司机却说，"离集市广场不远"。这就是克里克，一个或多或少待在象牙塔之中的科学家。

经典语录

1. 你看到的东西并不真正存在，而是你的大脑认为它存在。
2. 我的成功来自于我的幼儿园老师。

天文地理领域的伟大科学家

TIAN WEN DI LI LING YU DE WEI DA KE XUE JIA

　　得益于物理的发展，天文学和地理学在20世纪有了空前的突破，其中最主流的就是爱丁顿等人创立的天体物理学，同时经典的天体力学和天体测量学也有新的发展，人们对地球和宇宙的认识达到了空前的深度和广度。但是，20世纪的许多天文学和地理学的发展是由许多物理学家等其他领域科学家跨界做出的，也因此，20世纪著名的天文学家和地理学家仅有寥寥几位。

爱丁顿

Arthur Stanley Eddington

　　爱丁顿，20世纪著名天体物理学家，天体物理学的奠基人，他在天文学中的主要成就是开创了对恒星内部结构、恒星能源和恒星演化的研究，并取得了卓越的成就。他也是真正懂得爱因斯坦"相对论"的人。

科学家档案

【中 文 名】亚瑟·斯坦利·爱丁顿

【外 文 名】Arthur Stanley Eddington

【国　　籍】英国

【出 生 地】英格兰肯德尔

【生卒日期】1882年12月28日～1944年11月22日

【毕业院校】曼彻斯特大学、剑桥大学

【主要成就】爱丁顿极限、辐射平衡理论

【代表著作】《恒星和原子》《恒星内部结构》《基本理论》《科学和

未知世界》《膨胀着的宇宙：天文学的重要数据》《质子和电子的相对论》《物理世界的性质》《科学的新道路》《空间、时间和引力：广义相对论进阶》《物理学的哲学》

人生足迹

1882年12月28日，爱丁顿出生于英格兰肯德尔，父亲是一位中学校长，死于1884年席卷英格兰的伤寒大流行，他的母亲独立承担抚养他们姐弟俩的责任。爱丁顿幼年是在家中随母亲学习。1893年，他进入布里麦伦学校，他逐渐显示出在数学和文学方面的天才。1898年，他获得60英镑的奖学金，因此得以进入曼彻斯特维多利亚大学的欧文斯学院（现在的曼彻斯特大学）学习物理学，1902年以优异成绩获得科学学士学位。

因为突出的成绩，爱丁顿获得了剑桥大学三一学院75英镑的奖学金，并于1905年获得三一学院硕士学位。随后，他到格林威治天文台工作，分析小行星爱神星的视差时，发现了一种基于背景两颗星星的位移进行统计的方法，对恒星运动学作出重要贡献，也因此于1907年获得史密斯奖。这个奖项使他获得剑桥大学的研究员资格，进入卡文迪许实验室研究热辐射。

1913年初，爱丁顿被任命为剑桥大学天文学和实验物理学终身教授。1914年被任命为剑桥大学天文台台长，不久就被选为英国皇家学会会员。

第一次世界大战期间，他被要求服兵役，但由于他信仰贵格会，同时又是一个和平主义者，他拒绝服兵役，他的同事以他在科学研究方面的重要作用为由，成功地要求政府免除了他的兵役。

"一战"过后，爱丁顿率领一个观测队到西非普林西比岛观测1919年5月29日的日全食，拍摄日全食时太阳附近的星星位置，根据广义相对论理论，太阳的重力会使光线弯曲，太阳附近的星星视位置会变化。爱丁顿的观测证实了爱因斯坦的理论，立即被全世界的媒体报道。

1916年，爱丁顿转向研究恒星内部结构，并辐射平衡理论。从1920年开始，直到他去世，他一直致力于将量子理论、相对论和重力理论统一起来，形成一个"基本理论"，到晚年几乎达到痴迷的程度。他确信质子的质量和电子电荷的数值不是偶然形成的，是"为了形成宇宙的自然和完美的特性"。爱丁顿最终没能完成自己的研究，于1944年11月22日在剑桥逝世。

重要贡献

从1906年开始，爱丁顿把自己毕生的精力投入到了天文学之中。作出了许多重要的贡献。

1. 恒星运动学

爱丁顿深入研究了荷兰格罗宁根大学的天文学教授卡普坦的恒星运动理论，提出了一种假设：太阳附近的恒星从运动形式上可以看作是属于做相对运动的两个星群或两个星流，而且每个星群的内部都各自作着随机运动。爱丁顿以此来解释了上述有关恒星自行分布的观测特征。这一假说就被称为卡普坦—爱丁顿的二星流假说。同时，爱丁顿还提出了恒星运动分布的参照公式。

在格林尼治天文台工作的5年间，爱丁顿写了一批高质量的恒星运动学论文。爱丁顿的这些论文将理论与观测实践出色地结合了起来，反映了他在分析天文观测数据时的出色洞察能力。卡普坦—爱丁顿的二星流假说经过后人的发展，至今仍在天文学界广泛应用。

1914年，爱丁顿出版了自己的第一部著作《恒星运动与宇宙结构》，这是他从事天文学研究近10年的系统总结。这部书的大部分是对当时有关恒星运动知识的系统论述。但该书的最后一章"论恒星系统的动力学"则完全是爱丁顿自己的创见，这一章中，在说明了双星相遇不可能有效地改变单个恒星的运动方向之后，爱丁顿得出的结论认为：决定恒星在六维相空间中分布的函数 $f(x、y、z、u、v、w、t)$，必定是由恒星在整个系统扁平状引力势作用下运行时的动力学轨道来决定的，也就是由六维方程（现在被称为无碰撞的玻耳兹曼方程）的解所决定。

由于以上种种的出色研究，爱丁顿被看做是恒星动力学这门学科的奠基人，而到今天，这门学科已经是一门有自己特点的分支学科了。

2. 星体内部结构

在对恒星动力学进行深入的研究并取得了重大的成就后，爱丁顿又把自己的主要研究方向转入有关恒星结构与演化的学说。他对恒星结构的兴趣，最初是在1916年由于努力探索造父变星的变化结构而激发出来的，经过10年的不懈努力，他在1926年出版了《恒星内部结构》一书。

他介绍了一种以往被忽视的现象，即可能通过辐射压力对星体的平衡产生的巨大影响，热能由星球内部到外部的

爱丁顿在工作

传播，并不像原先人们所设想的那样通过对流实现，而是由辐射实现。

正是在这项研究工作中，爱丁顿全面地总结出了质量、发光度之间的关系。这一关系发现于1924年。他指出，一星体所拥有的质量越大，就能发出越多的光。这一结论的价值在于，如果一颗恒星的固有亮度已知，就可根据此亮度确定它的质量。爱丁顿还认识到，恒星的体积有一个极限：质量能超过太阳质量10倍的星体，其数量相对而言就较少了，而任何质量超过太阳50倍的星体，由于过度的辐射压力，就不可能是稳定的。这就是爱丁顿对恒星内部结构认识的贡献。

科学家轶事

爱丁顿一生最光辉的一件事，便是发起并组织1919年的日全食考察。他率领的英国考察队到达西非普林西比岛，于当年5月29日测定了太阳引力场中的光线弯曲，测到星光偏折角与爱因斯坦在广义相对论中的预言相符合。消息传到英国，引起轰动，伦敦《泰晤士报》于11月7日发出头版头条新闻"科学革命：牛顿的思想被推翻。"

在一般人看来，爱丁顿本人的看法极为重要，但他的回答令人吃惊。有一次，他的学生钱德拉塞卡向爱丁顿表示，非常钦佩他筹备考察队。可爱丁顿说："由我决定的话，我决不会发起、组织考察队！"

钱德拉塞卡惊讶地望着老师。

爱丁顿回答得很干脆，说："我完全相信广义相对论，用不着去观测，用不着去验证。"

经典语录

1. 当一头大象滑下一个草坡时，如果知道大象的重量，草坡的斜度及摩擦力，那么物理学家可以精确算出大象滑落草地时的正确速度，但没一个物理学家能告诉你，为什么大象滑落草坡会是一件有趣的事。

2. 你从恒星的观点看，而我从大自然的观点看。

莫霍洛维奇

Mohorovicic, Andrija

莫霍洛维奇，克罗地亚地球物理学家，地壳和地幔分界面的发现者。他是20世纪最杰出的地球科学家之一。

科学家档案

【中 文 名】莫霍洛维奇

【外 文 名】Mohorovicic, Andrija（克罗地亚语）

【国　　籍】克罗地亚

【出 生 地】伊斯特拉半岛

【生卒日期】1857年1月23日～1936年12月18日

【毕业院校】布拉格大学

【主要成就】发现地壳和地幔之间界面

【代表著作】《1909年10月8日（巴尔干）地震》《震源附近地震波初波走时的折射》

人生足迹

1857年1月23日，莫霍洛维奇出生在伊斯特拉半岛的沃洛斯克。父亲是造船厂木工，母亲早逝。他15岁时，除了说克罗地亚语以外，还学会了英语、法语和意大利语，后来又学会了拉丁语、希腊语、捷克语和德语。

1875年入捷克布拉格大学，在物理学家和哲学家马赫指导下学习，同时在数学系和物理系学习，获数学、物理学学士学位。他毕业后在一所中学教了几年书，1882年任教于萨格拉布的皇家航海学院，讲授气象学和海洋学。1887年创立巴尔卡气象台。

1891年任萨格拉布理工学院教授。1897年获萨格拉布大学博士学位。1900年筹建的萨格拉布气象台成为当时全克罗地亚和斯拉沃尼亚的气象中心，完全不受匈牙利布达佩斯气象台的控制。此时，莫霍罗维奇契又转向地震学方面的研究，取得辉煌成绩，地震学方面的贡献成为他的主要贡献。如对1909年10月8日发生于巴尔干的地震的研究，发现了地下一定深度内地震波的行进是不连续的，且确定此现象为全球性的。后被同行定为地壳和地幔的分界，并用他的姓氏命名这一不连续面，即"莫霍洛维奇不连续面"以示对他的敬重和怀念。

此后，他致力于强震的研究，如对地震作用土地质、建筑、桥梁等方面的影响，他曾提出修建抗震建筑物，可惜由于经费拮据，他的这一设想未得付诸实施。他对自然现象观察细致、治学严谨，锐意求进。1916年以后，虽患严重眼疾，仍刻苦钻研地震学有关问题。他的文笔流畅，且具幽默感，为同时代同行所尊崇。

莫霍洛维奇不顾视力衰退，坚持工作和实验，直到近70岁高龄才退休，1936年12月18日在萨格拉布逝世，享年79岁。为了纪念他为人类作出的贡献，人们将月球背对地球的一侧，一个直径51千米的陨石坑命名为莫霍洛维奇。在1996年，8422号小行星也命名为莫霍洛维奇，其公转周期5年48天。克罗地亚海军的一艘教练舰也命名为莫霍洛维奇。

重要贡献

　　1908年，莫霍洛维奇已经为萨格拉布气象观测台配置了灵敏的新式地震记录仪器，使它成为欧洲最先进的观测台之一。根据这个台及其他台站的观测数据，他发现在P波之后有一明显的波群P，他认为是在地表下50千米深度处由于物质发生急剧变化，使下层纵波传播速度大于上层纵波传播速度所致。根据时距曲线P波速度（vP）由76千米/秒激增到80～82千米/秒，S波速度（vS）由38千米/秒激增到44～46千米/秒。也就是说，某些地震波到达观测站的时间比预计的要早，由于向地球深部传播的震波比沿地壳传播的震波速度更快，所以他认定地球的最外层地壳是覆盖在一层质地比较坚硬的岩层之上，而且两层之间不是逐渐过渡而是明显划开的。

　　以后用更尖端的仪器得出的观测资料基本证实了他的推断，并且观测还证实这一间断面不仅在欧洲，而且在全球都普遍存在，所以把这一间断面称"莫霍洛维奇不连续面"。其深度各地不同，一般大洋较浅，为5～15千米：大西洋和印度洋为10～15千米；太平洋中央部分只有5千米；岛弧地区为20～30千米。大陆一般深为30～40千米，高山地区最深，在中国西藏高原及天山地区深达60～80千米。推测此界面可能是基性岩（玄武质）与超基性岩（橄榄岩类）的化学界面。

　　现在人们把这个分界面叫作莫霍面，现在已公认莫霍面为地壳和地幔的分界面。

经典语录

　　地史学家也就是一个时间旅行者。

魏格纳

Alfred Lothar Wegener

　　魏格纳，德国地质学家、气象学家，大陆漂移说创立者。20世纪伟大的地球科学家之一，有"大陆漂移学说之父"之称。

科学家档案

【中文名】阿尔弗雷格·魏格纳

【外文名】Alfred Lothar Wegener

【国　　籍】德国

【出生地】柏林

【生卒日期】1880年11月1日～1930年11月2日

【毕业院校】柏林洪堡大学

【主要成就】大陆漂移的假说

【代表著作】《海陆的起源》《大陆和海洋的形成》

人生足迹

1880年11月1日，魏格纳出生于柏林。他从小就喜欢幻想和冒险，童年时就喜爱读探险家的故事，英国著名探险家约翰·富兰克林成为他崇拜的偶像。为了给将来探险做准备。他攻读气象学，1905年，25岁的魏格纳获得了柏林洪堡大学气象学博士学位。

毕业后，魏格纳积极实现他少年时代的远大理想，1905—1906年在林登堡航空气象台工作。1906—1908年加入了著名的丹麦探险队，来到了格陵兰岛，从事气象和冰川调查。1912—1917年参加科赫–格林贝格探险队，去格陵兰考察。

1912年，提出大陆漂移学说，此后一直努力为自己的大陆漂移说寻找证据。1915年出版《海陆的起源》。1919年任汉堡海洋气象台理论气象学部主任兼汉堡大学教授，1924年任格拉茨大学教授。1929年率探险队第三次去格陵兰考察，并在该岛3000米高地上建立了考察站。

1930年4月，魏格纳率领一支探险队，迎着北极的暴风雪，第四次登上格陵兰岛进行考察，在-65℃的酷寒下，大多数人失去了勇气，只有他和另外两个追随者继续前进，终于胜利地到达了中部的爱斯密特基地。11月1日，他在庆祝自己50岁的生日后冒险返回西海岸基地。在白茫茫的冰天雪地里，他失去了踪迹。直至第二年4月才发现他的尸体。他冻得像石头一样与冰河浑然一体了。

魏格纳去世30年后，板块构造学说席卷全球，人们终于承认了大陆漂移学说的正确性。人们为了纪念他，月球及火星上有以他命名的陨石坑，小行星29227也是以他的名字命名的。

重要贡献

魏格纳主要研究大气热力学和古气象学，其中最重要的贡献就是他提出的关于地壳运动和大洋大洲分布的假说——"大陆漂移说"。

魏格纳认为，在距今3亿年前，地球上所有的大陆和岛屿都联结在一块，构成一个庞大的原始大陆，叫做泛大陆。泛大陆被一个更加辽阔的原始大洋所包围。

后来从大约距今2亿年时，泛大陆先后在多处出现裂缝。每一裂缝的两侧，向相反的方向移动。裂缝扩大，海水侵入，就产生了新的海洋。相反地，原始大洋则逐渐缩小。分裂开的陆块各自漂移到现在的位置，形成了今天人们熟悉的陆地分布状态。

1912年1月6日，魏格纳在法兰克福地质学会上做了题为"大陆与海洋的起源"的演讲，提出了大陆漂移的假说。在随后的第一次世界大战中，他的研究工作中断了，并在战场上身负重伤，养病期间他于1915年出版了《海陆的起源》一书，系统地阐述了大陆漂移说。

随后，他又出版了《大陆和海洋的形成》这部不朽的著作，他在书中努力恢复地球物理、地理学、气象学及地质学之间的联系——这种联系因各学科的专门化发展被割断——用综合的方法来论证大陆漂移。

魏格纳的研究表明，科学是一项精美的人类活动，并不是机械地收集客观信息。在人们习惯用流行的理论解释事实时，只有少数杰出的人有勇气打破旧框架提出新理论。但由于当时科学发展水平的限制，大陆漂移由于缺乏合理的动力学机制遭到正统学者的非议。魏格纳的学说成了超越时代的理念。

大陆漂移说一提出，就在地质学界引起轩然大波。年轻一代为此理论欢呼，认为开创了地质学的新时代，但老一代均不承认这一新学说。魏格纳在反对声中继续为他的理论搜集证据，为此他又两次去格陵兰考察，发现格陵兰岛相对于欧洲大陆依然有漂移运动，他测出的漂移速度是每年约1米。

地球上2亿年前的联合古陆

科学家轶事

让魏格纳永垂青史的"大陆漂移学说"是在非常偶然的情况下发现的。

一天，魏格纳躺在病床上看书，看的时间长了，他放下书本，想活动一下身子再看，同时让眼睛也休息一下。他尽力把自己的视线推得远一些，看看窗外……这时，他的目光落在了贴在墙上的一幅世界地图上。

他很有兴趣地看着那奇形怪状的陆地地形，看着那曲曲折折的海岸线，那海洋，那岛屿。看着看着，他发现：大西洋西岸的巴西东端呈直角的凸出部分，与东岸非洲几内亚湾的凹进去的部分，一边像是多了一块，一边像是少了一块，正好能合拢起来，再进一步对照，巴西海岸几乎都有凹进去的部分相对应。魏格纳想："看起来就像用手掰开的面包片一样，难道大西洋两岸的大陆原来是一整块，后来才分开的吗？会不会是巧合呢？"一个个问题在他脑海中跳跃着，这个偶然的发现，使他感到十分兴奋。病好以后，他就致力于找出这个"巧合"背后的真实原因。正是这个小小的发现，为他以后提出"大陆漂移学说"埋下了伏笔。

经典语录

1. 除非是最笨的老鼠，否则不会躲入猫的耳朵；但除非是最聪明的猫，否则不会搜查自己的耳朵。

2. 一个真正的旅行家必是一个流浪者，经历着流浪者的快乐、诱惑和探险意念。

李四光

Li Si Guang

　　李四光，世界著名的科学家、地质学家、教育家和社会活动家，地质力学的开拓者与奠基人。中国现代地球科学和地质工作奠基人。中国地质事业的奠基人之一和主要领导人。

科学家档案

【中 文 名】李四光

【国　　籍】中国

【出 生 地】湖北省黄冈（今黄州市）

【生卒日期】1889年10月26日～1971年4月29日

【毕业院校】伯明翰大学

【主要成就】地质力学、为中国甩掉"贫油"帽子

【代表著作】《地球表面形象变迁的主因》《地质力学概论》《地震地

质》《天文、地质、古生物》

人生足迹

1889年11月18日，李四光出生在湖北省黄冈市的一个贫寒人家，原名李仲揆。他自幼就读于其父李卓侯执教的私塾，14岁那年告别父母，独自一人来到武昌报考高等小学堂。

1904年，李四光因学习成绩优异被选派到日本留学。他在日本接受了革命思想，加入了孙中山领导的同盟会，是年龄最小的会员。孙中山赞赏李四光的志向，还送给他八个字："努力向学，蔚为国用"。

1910年，李四光从日本学成回国。武昌起义后，他积极投身革命。但是袁世凯上台后，革命党人受到排挤，李四光再次离开祖国，走求学报国之路，他获得了公派到英国伯明翰大学学习的机会。1918年，获得硕士学位的李四光决意回国效力。从1920年起，李四光担任北京大学地质系教授、系主任。

1928年，李四光又到南京担任中央研究院地质研究所所长，后当选为中国地质学会会长。他带领学生和研究人员常年奔波野外，跋山涉水，足迹遍布祖国的山川。他先后数次赴欧美讲学、参加学术会议和考察地质构造。

1949年秋天，中华人民共和国成立在即，正在国外的李四光被邀请担任政协委员。得到这个消息后，他立即做好了回国准备。这时，伦敦的一位朋友打来电话，告诉他国民党政府驻英大使已接到密令，要他公开发表声明拒绝接受政协委员职务，否则就要被扣留。李四光当机立断，只身离开伦敦来到法国。

1949年12月，李四光从法国启程秘密回国。回国后的李四光被委以重任，先后担任了地质部部长、中国科学院副院长、全国科联主席、全国政协副主席等职。他虽然年事已高，仍奋战在科学研究和国家建设的第一线，为中国的地质、石油勘探和建设事业作出了巨大贡献。

60年代以后，李四光因过度劳累身体越来越差，还是以巨大的热情和精力投入到地震预测、预报以及地热的利用等工作中去。

1971年4月24日，李四光因为感冒发烧，住进了北京医院。入院后，虽然很快便退了高烧，但血压一直波动得很厉害。晚上，他常常不能入睡，往事总是萦绕心头。一天晚上，李四光特别兴奋，他和陪他的女儿谈了很多很多：从青年时代漫长的求学之路到30年代的黑暗中国；中华人民共和国成立之初的艰苦奋斗到如今的各种经历。

1971年4月29日上午8时30分，李四光这位历经风霜、鞠躬尽瘁、为祖国为人民奉献了一生的伟大科学家辞世，享年82岁。

重要贡献

李四光以独到的学术见解创立的地质力学，不仅圆满地解决了各种地质构造形式的形成机制，而且成功地指导了找矿工作。根据他的理论，中国相继发现了大庆油田、胜利油田、大港油田等重要油田，为祖国的社会主义建设作出了卓越贡献。在国际上他也享有很高的声誉。

1．创立地质力学

1926年和1928年李四光发表的《地球表面形象变迁之主因》及《晚古生代以后海水进退规程》等，从理论上探讨自水圈运动到岩石圈变形，自大陆运动到构造形迹等问题；1929年提出构造体系这一重要概念，建立了一系列构造体系类型。1941年，李四光在演讲"南岭地质构造的地质力学分析"时正式提出了"地质力学"一词。

1945年发表《地质力学的基础与方法》，对地质力学理论作了系统的概括。地质力学是力学与地质学相结合的边缘科学，即用力学原理研究地壳构造和地壳运动及其起因的科学。地质力学从地质构造的现象（构造形迹）出发，分析地应力分布状况和岩石力学性质，追索力的作用，从力的作用方式进而追索地壳运动方式，探索地壳运动的规律和起源。

地质力学认为，结构要素、构造地块和构造体系是地质构造的三重基本概念，对于探索地壳运动规律具有极为重要的意义。现已认识的构造体系，可划分为三大主要类型，即纬向构造体系、经向构造体系和扭动构造体系。这些体系主要是地壳的水平运动（经向的和纬向的）造成的；而水平运动则起源于地球自转速度的变化。李四光把地球自转调节自转速度变化的作用称为"大陆车阀作用",因而把这一假说称为"大陆车阀假说"。

2. 甩掉"贫油"帽子

中华人民共和国建国初期,大规模的经济建设开始后就遇到石油短缺的困难,当时全国所需石油80%至90%都依靠进口。1953年底,毛泽东、周恩来等中央领导人把李四光请到了中南海。毛泽东十分担心地问李四光:"有人说'中国贫油',你对这个问题怎么看呢?如果中国真的贫油,要不要走人工合成石油的道路?"

李四光根据数十年来对地质力学的研究,从他建立的构造体系、特别是新华夏构造体系的特点,分析了中国的地质条件,说明中国的陆地一定有石油。毛泽东、周恩来在认真听取了汇报后,支持了他的观点,并根据他的建议,在松辽平原、华北平原开始了大规模的石油普查。从50年代后期至60年代,勘探部门相继找到了大庆油田、大港油田、胜利油田、华北油田等大油田,在国家建设急需能源的时候,使滚滚石油冒了出来。这样,不仅摘掉了"中国贫油"的帽子,也使李四光独创的地质力学理论得到了最有力的证明。

科学家轶事

李四光本名李仲揆,李四光这个名字,是他后来去上学需要填写报名单的时候,将姓名栏当成年龄栏,随手就写了个"十四",这是他当时的真实年龄。可是,他马上便发觉填错了栏目,这下可怎么办呢?

聪明的李四光就在"十"字上加了几笔改成"李"字,可"李四"这个名字实在不好听,正在为难的时候,李四光抬头看见堂中上方挂着一块大匾,上写"光被四表",他灵机一动,在"李四"后面又加上了一个"光"字。从此,李仲揆又有了一个响亮的名字,就叫"李四光"。

经典语录

1. 科学尊重事实，不能胡乱编造理由来附会一种学说。

2. 真正的科学精神，是要从正确的批评和自我批评发展出来的。真正的科学成果，是要经得起事实考验的。有了这样双重的保障，我们就可以放心大胆地去做，不会自掘妄自尊大的陷阱。

3. 科学是老老实实的东西，它要靠许许多多人民的劳动和智慧积累起来。

4. 我是炎黄子孙，理所当然地要把学到的知识全部奉献给我亲爱的祖国。

5. 真理，哪怕只见到一线，我们也不能让它的光辉变得暗淡。

数学领域的伟大科学家

SHU XUE LING YU DE WEI DA KE XUE JIA

　　20世纪的数学有了重要的发展，尤其是数学跟计算机的相互结合，对整个科学的发展产生了极其深刻的影响。而这个过程，正是由卓越的数学家们一手推进的。

希尔伯特

David Hilbert

　　希尔伯特，德国数学家，无冕的数学之王，20世纪最伟大的数学家之一。这位创造了20世纪数学史奇迹的数学家和数学思想家，就像数学世界的亚历山大，在整个数学史上留下了他显赫的名字。

科学家档案

【中 文 名】大卫·希尔伯特

【外 文 名】David Hilbert

【国　　籍】德国

【出 生 地】东普鲁士哥尼斯堡

【生卒日期】1862年1月23日～1943年2月14日

【毕业院校】哥尼斯堡大学

【主要成就】不变量理论、公理化几何、希尔伯特空间、希尔伯特23个

问题

【代表著作】《希尔伯特全集》《几何基础》《线性积分方程一般理论基础》《数学物理方法》《理论逻辑基础》《直观几何学》《数学基础》

人生足迹

1862年1月23日，希尔伯特生于东普鲁士哥尼斯堡。中学时代，希尔伯特就是一名勤奋好学的学生，对于科学特别是数学表现出浓厚的兴趣，善于灵活和深刻地掌握以至应用老师讲课的内容。

1872年，希尔伯特进入普鲁士著名的菲特立文科中学，由于志趣不合，在这里希尔伯特表现并不佳。1880年，18岁的希尔伯特考上了哥尼斯堡大学，在自由的学术风气里，希尔伯特如鱼得水，专心攻读他最爱的数学。

1884年，希尔伯特在数学教授林德曼的建议下，以代数不变量为题，完成他的博士论文。之后，希尔伯特旅行莱比锡、巴黎、哥廷根各地，拜访各地数学家，旁听数学大师的课，为他日后在数学上的发展打下了良好的基础。

1887年，希尔伯特回到哥尼斯堡大学担任数学讲师，同时全力钻研不变量的理论。1888年，希尔伯特成功地解决了代数不变量中的"哥尔丹问题"，1898年又成功地解决了变分法中的"狄利克雷原理问题"。这两个问题都是当时著名的数学难题，它们的解决对数学这两个分支领域的发展起了积极的作用。

1893年，希尔伯特宣布脱离不变量领域，开始研究数学女皇的王冠——数论，同年，希尔伯特接替林德曼成为哥尼斯堡大学的数学教授。1895年，希尔伯特到德国的数学中心——哥廷根大学担任数学教授。此后，他一直在数学之乡哥廷根生活和工作。

1900年，希尔伯特提出著名的"希尔伯特"问题，引领了20世纪数学领域的发展。

1915年，爱因斯坦发表了广义相对论，几乎同时希尔伯特也得出了广义相对论的场方程。尽管希尔伯特的成果可和爱因斯坦媲美，但他还是承认广义相对论的创建应归功于爱因斯坦。

20世纪的20年代，希尔伯特主要致力于数学基础的工作上，当时数学界为了集合论出现悖论焦头烂额。为了修补这个大漏洞，希尔伯特提出一个计划，希望能用有穷的推理来研究数学形式系统中的兼容性问题。不幸，在1931年哥德尔证明了不可能用数学方法建立数学的兼容性，希尔伯特的希望终究没能实现。

1930年，68岁的希尔伯特由哥廷根大学退休。1933年，希特勒上台，许多犹太科学家被迫离开德国，曾经盛极一时的数学中心哥廷根，几乎只剩希尔伯特孤单一人。

1942年1月23日是希尔伯特80岁生日，在这一天，希尔伯特在哥廷根大街上跌倒，摔断了胳膊。这项不幸事故招致他的身体无法活动。后来又引发各种并发症，过了一年多一点时间——1943年2月14日，一代数学巨星与世长辞。

希尔伯特不只是个伟大的数学家，也是个伟大的教育家。他的演讲风趣幽默，而且由于他的研究成果丰硕，课程中总穿插一些他最新的研究成果，把学生深深地吸引住了。他的课经常有几百人听课，有时连窗台也坐满了人。许多青年仅仅因听了希尔伯特几堂课、或者看了他的几本数学著作，便深深地被数学所吸引，把毕生的精力献给了数学。

重要贡献

希尔伯特对数学的贡献是巨大的和多方面的，他典型的研究方式是直攻数学中的重大问题，开拓新的研究领域，并从中寻找带普遍性的方法。研究领域涉及代数不变式、代数数域、几何基础、变分法、积分方程、无穷维空间、物理学和数学基础等。

1. 公理化几何

到哥廷根大学担任数学教授后，希尔伯特仍在数论上工作，并起草德国数学学会所委托的数论综合报告，他查阅了大量有关数的论文和著作，严格审查所有已知定理的证明，修正前人缺失，补足不完整的理论，将整个数论统一起来，他还统一了当时百家争鸣的数学符号。1897年，这份报告《代数数域的理论》正式出版，这部著作一问世，立刻引起巨大的反响，被称为19世纪代数数论的顶峰，至今仍是一部经典著作。

统一了数论，希尔伯特把他的矛头指向了几何。他重新审视欧氏几何，提出了21条公理并且分析它们的重要性。希尔伯特还从欧氏几何出发，点出了"公理化"方法的实质。其实所谓的公理，只是一些假设，并非不证自明的真理。根据不同的假设，便可建立不同的公理系统，创立不同的几何分支。由"定义"到"公理"再到"定理"的阶梯，便是公理化方法的实质。

1899年，希尔伯特出版了《几何基础》一书，再一次造成轰动效果。这本书不但成为德国最畅销的教科书，而且广为翻译流传。而希尔伯特的努力也使数学的公理化向前迈进一大步。《几何基础》是近代公理化方法的代表作，且由此推动形成了"数学公理化学派"，可以说希尔伯特是近代形式公理学派的创始人。

2. 希尔伯特23个问题

1900年，38岁的希尔伯特在巴黎举行的第二届国际数学家大会上作了题为《数学问题》的著名讲演。在讲演中，他根据19世纪数学研究的成果与发展趋势，以卓越的远见和非凡的洞察力，提出了20世纪所面临的23个问题，被称为"希尔伯特问题"。这23个问题涉及现代数学的大部分重要领域（著名的哥德巴赫猜想就是第8个问题中的一部分），包含了连续统假设、哥德巴赫猜想、黎曼假设的推广等，激发了整个数学界的想象力。此后，这些问题几乎成为检阅数学重大成就的指标。

对这些问题的研究有力推动了20世纪数学的发展，在世界上产生了深远的影响。希尔伯特领导的数学学派成为19世纪末20世纪初数学界的一面旗帜，希尔伯特也被称为"数学界的无冕之王"。

希尔伯特问题半数以上都已在这个世纪解决，而每当有希尔伯特问题被解决，都是数学界惊天动地的大事。

科学家轶事

很多数学家在小时候就显露出很高的数学天赋，如，巴斯卡、牛顿、莱布尼茨、高斯、阿贝尔、伽罗瓦……都是有着传奇色彩的数学神童。但是，希尔伯特小时候却没有这样突出的表现。

希尔伯特在领悟新概念方面，并不很快，记忆力也较差。对于要死记硬背的课程，特别是语言课，他缺少兴趣，但是他相当用功。每当要理解一件事情时，他总要通过自己的消化把它彻底搞清楚，否则决不罢休。他对数学发生兴趣的原因之一，在于数学用不着死记硬背，而是可以通过逻辑推导，因而比较容易掌握。希尔伯特的家里人都觉得他有点怪。他的母亲要帮他写作文，可是他能给老师讲解数学问题。家里没有一个人真正了解他。

经典语录

1. 没有任何问题可以向无穷那样深深地触动人的情感，很少有别的观念能像无穷那样激励理智产生富有成果的思想，然而也没有任何其他的概念能向无穷那样需要加以阐明。

2. 只要一门科学分支能提出大量的问题，它就充满着生命力，而问题缺乏则预示着独立发展的终止或衰亡。

3. 对于数学来说，整个文明世界就是一个国家。

维纳
Norbert Wiener

  维纳，美国应用数学家，在数学、电子工程方面贡献良多。他是随机过程和噪声过程的先驱，又创立了"控制论"和"信息论"，被称为"控制论之父"，成为20世纪最伟大的数学家之一。

科学家档案

【中 文 名】诺伯特·维纳

【外 文 名】Norbert Wiener

【国　　籍】美国

【出 生 地】哥伦比亚

【生卒日期】1894年11月26日 ~ 1964年3月18日

【毕业院校】哈佛大学

【主要成就】维纳信息论、控制论

【代表著作】《复域上的傅立叶变换》《控制论》《维纳选集》《维纳数学论文集》《昔日神童》《我是一个数学家》

人生足迹

　　1894年11月26日，维纳出生在密苏里州的哥伦比亚。他的父亲列奥·维纳是语言学家，有很高的数学天赋。维纳认为他父亲是天生的学者，集德国人的思想、犹太人的智慧和美国人的精神于一身。从童年到青年，维纳一直在他的熏陶下生活，并逐步成长为一个学者。

　　维纳在18岁时就获得了哈佛大学数学和哲学两个博士学位。1913年，19岁的维纳在《剑桥哲学学会会刊》上发表了一篇关于集合论的论文。这是一篇将关系的理论简化为类的理论的论文，在数理逻辑的发展中占据有一席之地。维纳从此步入学术生涯。同年，他以一篇有些怀疑论味道的哲学论文《至善》，获得哈佛大学授予的鲍多因奖。在转向函数分析领域之前，维纳在逻辑和哲学方面共发表了15篇论文。

　　1918年，维纳开始在数学领域寻找值得研究的问题，他被函数分析所吸引，决心把自己的一生贡献给它。1919年，辛辛那提大学的年轻数学家巴纳特对他作了一次拜访，他建议维纳注意函数空间中的积分问题。这一建议对维纳以后的数学研究产生了重大影响。同年夏天，由于哈佛大学数学系主任奥斯古德的推荐，维纳到麻省理工学院数学系任教，并一直在该学院工作到退休。

　　1924年，维纳升任助理教授，1929年为副教授。由于在广义调和分析

维纳在工作

和关于陶伯定理方面的杰出成就，1932年晋升为正教授。1933年，维纳由于有关陶伯定理的工作与莫尔斯分享了美国数学会五年一次的博赫尔奖。

　　1940年，维纳发现了机器和人的控制机能有相似之处。后来，维纳又和许多有名科学家进行讨论，听取对方的批评意见，甚至是"攻击"意见，终于在1948年把自己的研究成果发表了出来，叫《控制论》，宣告了这门新兴学科的诞

生。这是他长期艰苦努力并与生理学家罗森勃吕特等人多方面合作的伟大科学成果。维纳立即从声誉有限的数学家一跃成为一个国际知名人士，此时他早已年过半百。此后，维纳继续为控制论的发展和运用作出了杰出的贡献。

1959年，维纳从麻省理工学院退休。1964年3月18日，逝世于斯德哥尔摩。他逝世后，人们为了纪念他的贡献，有多张纪念邮票问世。

重要贡献

维纳在其50年的科学生涯中，先后涉足哲学、数学、物理学和工程学，最后转向生物学，在各个领域中都取得了丰硕成果，称得上是恩格斯颂扬过的、20世纪多才多艺和学识渊博的科学巨人。他的主要成果有建立维纳测度、引进巴拿赫—维纳空间、阐述位势理论、发展调和分析、发现维纳—霍普夫方法、提出维纳滤波理论、创立控制论以及开创信息论等八个方面，其中后两项最为重要。

1. 创立控制论

维纳对科学发展所作出的最大贡献，是创立控制论。这是一门以数学为纽带，把研究自动调节、通信工程、计算机和计算技术以及生物科学中的神经生理学和病理学等学科共同关心的共性问题联系起来而形成的边缘学科。

1947年10月，维纳写出划时代的著作《控制论》，1948年出版后，立即风行世界。控制论的大意是，人和自动机器人是一种系统，都是由感觉装置、动作装置（器官）、传递信息系统（神经系统）、控制装置（脑）所组成。工作基本上是采用反馈规律，也就是给定信号使动作装置（器官）动作，结果由感觉装置（器官）检测出来，送到控制装置（脑）去计算、比较。如果有误差，控制装置（脑）按一定规律产生控制信号，再去控制动作装置（器官），使误差减小，直到消失为止。

当然，控制论比这复杂得多，它对许多科学技术都是有作用和影响，而机器人的诞生和发展与它有着极其密切的关系。

维纳的深刻思想引起了人们的极大重视。它揭示了机器中的通信和控制机能与人的神经、感觉机能的共同规律；为现代科学技术研究提供了崭新的科学方法；它从多方面突破了传统思想的束缚，有力地促进了现代科学思维方式和当代哲学观念的一系列变革。

现在，控制论已有了许多重大发展，但维纳用吉布斯统计力学处理某些数学模型的思想仍处于中心地位。他定义控制论为：设有两个状态变量，其中一个是能由我们进行调节的，而另一个则不能控制。这时我们面临的问题是如何根据那个不可控制变量从过去到现在的信息来适当地确定可以调节的变量的最优值，以实现对于我们最为合适、最有利的状态。

维纳在讲解控制论

2. 开创信息论

维纳是信息论的创始人之一。他从带直流电流或者至少可看作直流电流的电路出发来研究信息论，独立于申农（信息论创始人，著有《通讯的数学基础》，正式奠定了现代信息论的基础。），将统计方法引入通信工程，奠定了信息论的理论基础。维纳把消息看作可测事件的时间序列，把通信看作统计问题，在数学上作为平稳随机过程及其变换来研究。他阐明了信息定量化的原则和方法，类似地用"熵"定义了连续信号的信息量，提出了度量信息量的申农—维纳公式：单位信息量就是对具有相等概念的二中择一的事物作单一选择时所传递出去的信息。

维纳从控制论的角度出发，认为"信息是人们在适应外部世界，并且这种适应反作用于外部世界的过程中，同外部世界进行互相交换的内容的名称"。"信息就是信息，既不是物质，也不是能量……"维纳关于信息的定义包含了信息的内容与价值，从动态的角度揭示了信息的功能与范围，但也有局限性。由于人们在与外部世界的相互作用过程中，同时也存在着物质与能量的交换，维纳关于信息的定义没有将信息与物质、能量区别开来。但维纳认为，"信息就是信息，信息是物质、能量、信息及其属性的标示"。

维纳的这些开创性工作有力地推动了信息论的创立，并为信息论的应用开辟了广阔的前景。信息论创立者申农说："光荣应归于维纳教授。"

科学家轶事

维纳从小就智力超常，3岁时就能读写，14岁时就大学毕业了。几年后，他又通过了博士论文答辩，成为美国哈佛大学的科学博士。

在博士学位的授予仪式上，执行主席看到一脸稚气的维纳，颇为惊讶，于是就当面询问他的年龄。维纳不愧为数学神童，十分巧妙地回答："我今年岁数的立方是个四位数，岁数的四次方是个六位数，这两个数，刚好把十个数字0、1、2、3、4、5、6、7、8、9全都用上了，不重不漏。这意味着全体数字都向我俯首称臣，预祝我将来在数学领域里一定能干出一番惊天动地的大事业。"

维纳此言一出，四座皆惊，大家都被他的这道妙题深深地吸引住了。整个会场上的人，都在议论他的年龄问题。

其实这个问题不难解答，但是需要一点数字"灵感"。不难发现，21的立方是四位数，而22的立方已经是五位数了，所以维纳的年龄最多是21岁；同样道理，18的四次方是六位数，而17的四次方则是五位数了，所以维纳的年龄至少是18岁。这样，维纳的年龄只可能是18、19、20、21这四个数中的一个。

剩下的工作就是"一一筛选"了。20的立方是8000，有3个重复数字0，不合题意。同理，19的四次方等于130321，21的四次方等于194481，都不合题意。最后只剩下一个18，是不是正确答案呢？验算一下，18的立方等于5832，四次方等于104976，恰好"不重不漏"地用完了十个阿拉伯数字，多么完美的组合！

这个年仅18岁的少年博士，后来果然成就了一番大事业：成为了信息论的前驱和控制论的创始人。

经典语录

1. 一个天才的儿童，如果在精神力量方面不能与其天才相称，就必须取得巨大的成功，做不到的话，他就很可能认为自己是个失败者，而实际上也是个失败者。

2. 信息就是信息，不是物质也不是能量。

冯·诺伊曼

John Von Neumann

　　冯·诺伊曼，20世纪最杰出的数学家之一，他主持发明的电子计算机，大大促进了社会生活的进步，因此他被誉为"计算机之父"；在经济学方面，他也有突破性成就，作为数理经济学的奠基人之一。被誉为"博弈论之父"；在物理领域，他在20世纪30年代撰写的《量子力学的数学基础》已经被证明对原子物理学的发展有极其重要的价值。他被认为是20世纪最伟大的全才之一。

科学家档案

【中 文 名】约翰·冯·诺依曼

【外 文 名】John Von Neumann

【国　　籍】美国

【出 生 地】匈牙利布达佩斯

【生卒日期】1903年12月28日～1957年2月8日

【毕业院校】苏黎世联邦工业大学，布达佩斯大学

【主要成就】开创了现代计算机理论，其《量子力学的数学基础》已经被证明对原子物理学的发展有极其重要的价值

【代表著作】《量子力学的数学基础》《博弈论和经济行为》《计算机与人脑》

人生足迹

1903年12月28日，冯·诺依曼出生在匈牙利布达佩斯的犹太人家庭，父亲是一个银行家，家境富裕，十分注意对孩子的教育。冯·诺依曼从小聪颖过人，从小就显示出数学天才。据说6岁时他能心算做8位数乘除法，8岁时掌握微积分，12岁就读懂领会了波莱尔的大作《函数论》要义。除此之外，他一生掌握了七种语言，最擅长德语，可在他用德语思考种种设想时，又能以阅读的速度译成英语。他对读过的书籍和论文，能很快一句不差地将内容复述出来，而且若干年之后，仍可如此。

1911—1921年，冯·诺依曼在布达佩斯的卢瑟伦中学读书期间，就深受老师的器重。在费克特老师的个别指导下并合作发表了第一篇数学论文，此时冯·诺依曼还不到18岁。1921—1923年在苏黎世联邦工业大学学习化学。1926年他在苏黎世联邦工业大学获得化学方面的大学学位。很快又在1926年以优异的成绩获得了布达佩斯大学数学博士学位，此时冯·诺依曼年仅22岁。

1926年春，冯·诺依曼到哥廷根大学任希尔伯特的助手。1927—1929年，冯·诺依曼在柏林大学任兼职讲师，期间他发表了集合论、代数和量子理论方面的文章。1927年，冯·诺依曼到波兰里沃夫出席数学家会议，那时他在数学基础和集合论方面的工作已经使他很有名气。

1929年，冯·诺依曼转任汉堡大学兼职讲师。1930年他首次赴美，成为普林斯顿大学的客座讲师。善于汇集人才的美国不久就聘冯·诺依曼为客座教授。1931年，他成为美国普林斯顿大学的第一批终身教授，那时，他还不到30岁。1933年，冯·诺依曼担任普林斯顿高级研究院教授。当时高级研究院聘有6名教授，其中就包括爱因斯坦，而年仅30岁的冯·诺依曼是他们当中

最年轻的一位。他在那里工作了一生。

1943年，冯·诺依曼成为制造原子弹的顾问，战后仍在政府诸多部门和委员会中任职。1954年又成为美国原子能委员会成员。

冯·诺依曼的健康状况一直很好，可是由于工作繁忙，到1954年他开始感到十分疲劳。1955年的夏天，X射线检查出他患有癌症，但他还是不停地工作，病势扩展。后来他被安置在轮椅上，继续思考、演说及参加会议。长期而无情的疾病折磨着他，慢慢地终止了他所有的活动。1956年4月，他进入华盛顿的沃尔特·里德医院，1957年2月8日在医院逝世，享年53岁。

冯·诺伊曼是20世纪最重要的数学家之一，在纯粹数学和应用数学方面都作出了杰出的贡献。他逝世后，人们举行了各种各样的纪念活动

重要贡献

冯·诺依曼对人类的最大贡献是对计算机科学、计算机技术、数值分析和经济学中的博弈论的开拓性工作。

1940年以前，他的工作主要是纯粹数学的研究：在数理逻辑方面提出简单而明确的序数理论，并对集合论进行新的公理化，其中明确区别集合与类；其后，他研究希尔伯特空间上线性自伴算子谱理论，从而为量子力学打下数学基础；1930年起，他证明平均遍历定理开拓了遍历理论的新领域；1933年，他运用紧致群解决了希尔伯特第五问题；此外，他还在测度论、格论和连续几何学方面也有开创性的贡献；从1936—1943年，他和默里合作，创造了算子环理论，即现在所谓的冯·诺伊曼代数。

1940年是冯·诺依曼科学生涯的一个转换点。在此之前，他是一位通晓物理学的登峰造极的纯粹数学家；此后则成了一位牢固掌握纯粹数学的出神入化的应用数学家。他开始关注当时把数学应用于物理领域去的最主要工具——偏微分方程。研究同时他还不断创新，把非古典数学应用到两个新领域：对策论和电子计算机。

1. 对策论

对策论的一些想法，20年代初就曾有过，真正的创立还得从冯·诺依曼

1928年关于社会对策理论的论文算起。在这篇文章中，他证明了最小最大定理，这个定理用于处理一类最基本的二人对策问题。如果对策双方中的任何一方，对每种可能的策略，考虑了可能遭到的最大损失，从而选择"最大损失"最小的一种为"最优"策略，那么从统计角度来看，他就能够确保方案是最佳的。这方面的工作大致已达到完善。在同一篇论文中，冯·诺依曼也明确表述了n个游戏者之间的一般对策。

对策论也适用于经济学，称之为数理经济学。1944年，冯·诺依曼和摩根斯特思合著的《对策论和经济行为》是数理经济学的奠基性著作。论文包含了对策论的纯粹数学形式的阐述以及对于实际应用的详细说明。这篇论文以及所作的与某些经济理论的基本问题的讨论，引起了对经济行为和某些社会学问题的各种不同研究，时至今日，这已是应用广泛、羽毛日益丰盛的一门数学学科。有些科学家热情颂扬它可能是"20世纪前半期最伟大的科学贡献之一"。

2. 计算机

电子计算机和自动化理论是冯·诺依曼身为应用数学家最重要的成就。冯·诺依曼明显看到，即使对一些理论物理的研究，只是为了得到定性的结果，单靠解析研究也已显得不够，必须辅之以数值计算。进行手工计算或使用台式计算机所需花费的时间是令人难以容忍的，于是冯·诺依曼劲头十足的开始从事电子计算机和计算方法的研究。

1944—1945年间，冯·诺依曼形成了现今所用的将一组数学过程转变为计算机指令语言的基本方法，当时的电子计算机（如ENIAC）缺少灵活性、普适性。冯·诺依曼关于机器中的固定的、普适线路系统，关于"流图"概念，关于"代码"概念为克服以上缺点作出了重大贡献。

他提出，数字计算机的数制应当采用二进制，而计算机的存储应该按照程序顺序执行。人们把冯·诺依曼的这个理论称为冯·诺依曼体系结构。从ENIAC到当前最先进的计算机都采用的是冯·诺依曼体系结构。所以冯·诺依曼是当之无愧的数字计算机之父。

计算机工程的发展也应归功于冯·诺依曼。计算机的逻辑图式，现代计算机中存储、速度、基本指令的选取以及线路之间相互作用的设计，都深深受到冯·诺依曼思想的影响。他不仅参与了电子管元件的计算机ENIAC的研制，并且还在普林斯顿高等研究院亲自督造了一台计算机。

速度超过人工计算千万倍的电子计算机，不仅极大地推动数值分析的进展，而且还在数学分析本身的基本方面，刺激着崭新的方法的出现。其中，由冯·诺依曼等制订的使用随机数处理确定性数

世界第一台计算机ENIAC

学问题的蒙特卡洛方法的蓬勃发展，就是突出的实例。

在冯·诺依曼生命的最后几年，他的思想仍甚活跃，他综合早年对逻辑研究的成果和关于计算机的工作，把眼界扩展到一般自动机理论。他以特有的胆识进击最为复杂的问题：怎样使用不可靠元件去设计可靠的自动机，以及建造自己能再生产的自动机。从中他意识到计算机和人脑机制的某些类似，这方面的研究反映在西列曼讲演中；逝世后才有人以《计算机和人脑》的名字，出了单行本。尽管这是未完成的著作，但是他对人脑和计算机系统的精确分析和比较后所得到的一些定量成果，仍不失其重要的学术价值。

科学家轶事

冯·诺依曼拥有过人的心算能力。在ENIAC计算机研制时期，有几个数学家聚在一起切磋数学难题，百思不得某题之解。有个人决定带着台式计算器回家继续演算。次日清晨，那人眼圈黑黑，面带倦容走进办公室，颇为得意地对大家炫耀说："我从昨天晚上一直算到今晨四点半，总算找到那难题的五种特殊解答。它们一个比一个更难咧！"说话间，冯·诺依曼推门进来，"什么题更难？"虽只听到后面半句话，但"更难"二字使他马上来了

精神。有人把题目讲给他听,教授顿时把自己该办的事抛到爪哇国,兴致勃勃地提议道:"让我们一起算算这五种特殊的解答吧。"

大家都想见识一下教授的"神算"本领,谁也没有说已经有解了。只见冯·诺依曼眼望天花板,不言不语,迅速进到"入定"状态。约莫过了五分来钟,就说出了前四种解答,又在沉思着第五种……青年数学家再也忍不住了,情不自禁脱口讲出答案。冯·诺依曼吃了一惊,但没有接话茬。又过了一分钟,他才说道:"你算得对!"

那位青年数学家怀着崇敬的心情离去,他不无揶揄地想:"还造什么计算机呀,教授的头脑不就是一台'超高速计算机'吗?"然而,冯·诺依曼却呆在原地,陷入苦苦地思索,许久都不能自拔。有人轻声向他询问缘由,教授不安地回答说:"我在想,他究竟用的是什么方法,这么快就算出了答案。"听到此言,大家不禁哈哈大笑:"他用台式计算器算了整整一个夜晚!"冯·诺依曼一愣,也跟着开怀大笑起来。

经典语录

1. 若人们不相信数学简单,只因他们未意识到生命之复杂。
2. 科学非难事。
3. 任何相信依靠一台机械的或是电气驱动手段运作的机器能够产生真正意义上随机数的人,都是疯子。

哥德尔

Kurt Godel

　　哥德尔，数学家、逻辑学家和哲学家，是亚里士多德以后最伟大的逻辑学家，更确切地说是最伟大的数理逻辑学家。其最杰出的贡献是哥德尔不完全性定理和连续统假设的相对协调性证明。

科学家档案

　　【中文名】库尔特·哥德尔

　　【外文名】Kurt Godel

　　【国　　籍】美国

　　【出生地】捷克的布尔诺

　　【生卒日期】1906年4月28日～1978年1月14日

　　【毕业院校】维也纳大学

　　【主要成就】哥德尔不完全性定理、连续统假设的相对协调性证明

　　【代表著作】《〈数学原理〉及有关系统中的形式不可判定命题》《不

可判定的》《数哲》

人生足迹

1906年4月28日，哥德尔生于捷克的布尔诺，父亲经营纺织业。哥德尔从6岁起就在家乡路德新教的国民学校就读接受基础教育。哥德尔小时候是一个快乐而又腼腆的孩子，他很敏感，并且由于有着强烈的好奇心而被叫做"为什么"先生。从小学一年级到中学毕业，年轻的哥德尔总是得高分。他的数学天分在他14岁时就初露锋芒，到16岁，他已开始读康德，他认为康德对他的智力发展具有塑造作用。

1924年，哥德尔入读维也纳大学。他的许多老师都是维也纳小组的成员，这个由哲学家、数学家和科学家组成的小团体，每个星期四的晚上都在数学研究所的一间教室聚会，希望构造有关科学"真理"的某种理论。还在学生时代，哥德尔就已经建立了同这个小组的成员及其思想的联系。自1926年起，他开始定期参加维也纳小组的活动。从1929年10月起，哥德尔经常参加门格尔的学术讨论会。在那里，哥德尔见到了不少数学界的领袖人物，诸如博学多才的美国数学家冯·诺伊曼和波兰逻辑学家塔尔斯基。在定期参加讨论会的学者中，哥德尔以超人的天才赢得了声誉。

1940年1月，由于奥地利政治剧变，哥德尔离开维也纳去了美国普林斯顿高等研究院。从此他再未踏上过欧洲的土地，普林斯顿成为哥德尔后半生的家乡。

在普林斯顿，哥德尔进一步发展了其数学工作的许多方面。同时，他成为爱因斯坦一直找寻的谈伴和知音。1946年，哥德尔在普林斯顿高等研究院得到了一个永久职位。1953年，在爱因斯坦和冯·诺伊曼的鼎力推动下，他最终获得了正教授职位。

20世纪40年代早期，哥德尔开始把他的主要注意力转向了数学哲学。在40年代和50年代，他发表了《论罗素》（1942年）、《论爱因斯坦》（1949年）和《论卡尔纳普》（1953年）的工作的一部分文稿。今天，这些成果已成为数学哲学的基本文献。

1955年，哥德尔当选美国国家科学院院士。1957年当选为美国艺术与科学研究院院士。1959年开始研究胡塞尔著作。1965年，他的文集《不可判定的》收录1934年讲稿，确定了两个不完全性定理的适用范围。1974年《数哲》问世，反映出其世界观的一些基本侧面。1975年，他获得总统颁发的美国"国家科学勋章"。

晚年的哥德尔精神抑郁，因怀疑食物中有人下毒而绝食。1978年1月14日，哥德尔因"人格紊乱"导致的"营养不良和食物不足"而逝世于美国普林斯顿，享年72岁。哥德尔一生

年轻时期的哥德尔

淡泊名利，尽管他的成就足以和爱因斯坦相媲美，但是他不喜欢在公众面前过多活动，人们是在他逝世后，数学领域对他的纪念活动中才渐渐了解他的贡献和成就。

重要贡献

哥德尔发展了冯·诺伊曼和伯奈斯等人的工作，其主要贡献在逻辑学和数学基础方面。1931年，年仅25岁的哥德尔提出了他的推证——哥德尔"不完备性定理"，令整个科学和哲学世界天翻地覆。

哥德尔不完备性定理认为：在任何公理化形式系统中，总存留着在定义该系统的公理的基础上既不能证明也不能证伪的问题。也就是说，任何一个理论都有解决不了的问题。当一个演绎系统是不矛盾的，总有至少一个或几个前提在系统内是不能证明的。简言之，哥德尔认为：数学系统不仅是不完全的，而且还是不可完全的。

这一定理显然与几千年来人们对数学确定性的信念相悖。长久以来的共

哥德尔（左）与爱因斯坦

识是，数学是绝对严格、不含矛盾的，数学系统理应包含全部数学真理。希尔伯特，形式主义学派的"首领"甚至确信他的元数学和证明论将会成功地确立全部数学的相容性和完全性。

哥德尔不完备性定理是一个数学上的成果，作为20世纪最重要的定理之一，其影响远远超过了数学领域。它对数学基础和逻辑的影响极其巨大。该定理确立了形式系统"有所为有所不能为"的边界，它使人们放弃了过去对形式系统的不切实际的过高期望，而在其能有所为的范围内健康发展。

除了提出"不完备定理"，哥德尔还致力于连续统假设的研究，在1930年采用一种不同的方法得到了选择公理的相容性证明。三年以后又证明了（广义）连续统假设的相容性定理，并于1940年发表。他的工作对公理集合论有重要影响，而且直接导致了集合和序数上的递归论的产生。

此外，哥德尔还从事哲学问题的研究。他热衷于用数理逻辑的方法来分析哲学问题，认为健全的哲学思想和成功的科学研究密切相关。1951年获爱因斯坦勋章。

哥德尔一生发表论著不多。他发表于1931年的论文《〈数学原理〉及有关系统中的形式不可判定命题》是20世纪在逻辑学和数学基础方面最重要的文献之一。

科学家轶事

　　哥德尔的举止以"新颖"和"古怪"著称，爱因斯坦是他要好的朋友，他们当时都在普林斯顿。他们经常在一起吃饭，聊着非数学话题，常常是政治方面的。

　　麦克阿瑟将军从朝鲜战场回来后，在麦迪逊大街举行隆重的庆祝游行。第二天哥德尔吃饭时像煞有介事地对爱因斯坦说，《纽约时报》封面上的人物不是麦克阿瑟，而是一个骗子。

　　证据是什么呢？哥德尔拿出麦克阿瑟以前的一张照片，又拿了一把尺子。他比较了两张照片中鼻子长度在脸上所占的比例。结果的确不同。

经典语录

　　1. 有些事实被认知为真，但不必然可证。
　　2. 世界的意义在于事愿分离和这种分离的克服。